Bemerkenswerte Bäume in den Wäldern um Darmstadt

Legende
„Bemerkenswerte Bäume in den Wäldern um Darmstadt"
von Carlo Schneider
Kartengrundlage: TK 25 6018 u. 6118 mit Genehmigung des Hess. Landesvermessungs-amtes vervielfältigt. Vervielfältigungsnummer 86 – 1 – 122
Herausgeber: Schutzgemeinschaft Deutscher Wald, KV Darmstadt
Verlag: L. Schlapp, Darmstadt
Druck: Kartographie Horst, Pfungstadt
Finanzielle Förderung: Hessische Elektrizitäts AG
HEAG Haltestellen
Maßstab 1:30 000
0 200 400 600 800 1000 m
Mörsbacher Grund
Im Mörsbacher Grund
Messeler Falltorhaus
Kranich
Leonhardstanne
Forschungszentrum
Kleeneck
Dragonereichen
Mühleiche
Karl-Hesse-Eiche
Landgrafeneiche
Landgräfin-Carolinen-Eiche
Friedrich-der-Große
Wildpark
Oberwald
Kranichstein
Jagdschl. Kranichstein
Maria-Theresia-Eiche
Fingereiche
E.-Holtzmann-Eiche
Theodor-Fuchs-Eiche
Alteneiche
Kaminskyeiche
Von-Gall-Eiche
Woogsberg
Oberwaldhaus
Fasanerie
Dachsberg
Scheftheimer Eiche
Mornewegeiche
Riedlingereiche
Von-Ploennies-Eiche
Franz-Boerner-Eiche
Darmstädter Forsthaus
Ober-feld
W.-Glässing-Eiche
Eidmanneiche
Gabelsbergeiche
Carl-Heyer-Eiche
Wedekindeiche
Liebigeiche
Hundeshageneiche
Küchlereiche
Reißeiche
Wilbrandeiche
Schleiermachereiche
Glasberg
Kohlberg
Ostbahnhof
Woog
Botanischer Garten
DARMSTADT
Franzosenberg
Joh.-Heinr.-Merck-Eiche
Du-Thil-Eiche
Claudiusbuche
Stelikopf
Wilhelm-Heyer-Eiche
Weberbuche
Herrgottsberg
Herdereiche
Goethebuche
Delpbuche
Klipsteineiche
Dachsberg
Schindelbgines-eiche
Dippelshofeiche
Eisernhand
Eisernhandeiche
Dippelshof
Dommerberg
Dabbuche
Loreybuche
Heinemannbuche
Ludwigseiche
Drautteiche
Eduard-Heyer-Eiche
Klenkeneiche
Von-Dornberg-Eiche
Traisa
Scherersberg
Bibraeiche
Trautheim
Kirchberg
Braunelche
Bosebuche
Lindenberg
Uhrichbuche
Büchelsberg
Bordenberg
Gustav-Waldt-Eiche
Bruchmühle
Nieder Ramstadt
Kaisermühle
Engelsmühle
Waldmühle
MÜHLTAL
449
426
26
3477
78
5530
5529
33
32
28
27
24
23
22
21
20

Carlo Schneider

Bemerkenswerte Bäume in den Wäldern um Darmstadt

Herausgegeben von der

Schutzgemeinschaft Deutscher Wald

Kreisverband Darmstadt

Verlag H. L. Schlapp, Darmstadt

Federzeichnungen: Willy Potratz · Forstliche Daten und Kartenergänzungen: Eduard Wlodek · Umschlag und Gestaltung: Karl Horst Passet · Kartengrundlage: Hessisches Landesvermessungsamt, Wiesbaden.

Autor, Herausgeber und Verlag danken der Stadt Darmstadt und der Hessischen Elektrizitäts-AG für die Förderung dieses Buches.

ISBN 3-87704-016-0 · © Verlag H.L. Schlapp, Darmstadt 1986 · Alle Rechte vorbehalten. Nachdruck, auch auszugsweise, nur mit Genehmigung des Verlages · Satz und Druck: Darmstädter Echo, Verlag und Druckerei GmbH · Titelrepro: Haußmann Reprotechnik GmbH · Buchbinderische Verarbeitung: C. Fikentscher Großbuchbinderei, alle in Darmstadt.

Geleitwort

Die Zahl der Bäume in den Wäldern um Darmstadt läßt sich nicht ermitteln. Trotz mancher schmerzlichen Verluste ist noch fast die Hälfte der Fläche dieser Stadt mit Wald bedeckt. Überdies besitzen diese Wälder einen ganz besonderen Schatz: eine beachtliche Zahl altehrwürdiger Bäume. Sollte uns nicht die Ehrfurcht vor der Schöpfung überkommen, treten wir unter das Kronendach einer mehrhundertjährigen Eiche? Dieser so markante und oft knorrige Baum fühlt sich wohl in der Wärme dieses Gebietes. Er wurzelt tief in den Böden des Perm und gehört als vornehmster hierher, ist ursprünglich und ausdauernd.

Danken wir den Vorfahren, welche uns diese stolzen Riesen erhielten. Hoffen wir, daß sie die heutige Gesundheitskrise unserer Wälder heil überstehen.

Daß diese bemerkenswerten Bäume Namen erhalten haben, macht sie zu Individuen und hebt sie aus der Vielzahl der Unbekannten heraus. Nach Theodor Ritserts „Darmstädter Namenbüchlein", das 1905 erschien, und dem Buch der Forstverwaltung von 1904 „Bemerkenswerte Bäume im Großherzogtum Hessen" ist lange Zeit der Bestand nicht mehr aufgenommen worden.

So begrüße ich die Initiative und den Fleiß von Carlo Schneider ganz besonders: Sein Werk fördert das Interesse der Bürger am stadtnahen Wald, denn es nennt den Spaziergängern lohnende Ziele. Zugleich verhindert es, daß einzelne Baumriesen bei Verlust von Schildern in die Namenlosigkeit zurückfallen könnten. Schließlich werden die Erinnerungen an Menschen wachgehalten, die sich um Darmstadt und seine Wälder verdient gemacht haben.

Darmstadt, am 12. April 1985

Hans Dieter Schmitt
Leiter des Hessischen Forstamts Darmstadt

Vorwort

Darmstadt trug einst den Ehrentitel „Großstadt im Walde“. Ob ihm diese Bezeichnung heute noch zukommt, mag man bezweifeln. Zwar verfügt Darmstadt im Vergleich zu anderen Städten dieser Größe und Bedeutung noch immer über ausgedehnte Waldpartien, aber in der Zeit nach dem letzten Krieg sind immer wieder und immer häufiger große Waldflächen für forstfremde Zwecke geopfert worden.

In den Gebieten hinter dem Jagdschloß Kranichstein oder im Messeler Wald, südlich und östlich der Scheftheimer Wiesen, im Waldbereich am oberen Schnampelweg hinter den Fischteichen, am Kirchberg, Lindenberg und Bordenberg (dieser Waldbereich gehört schon zum Hessischen Forstamt Seeheim-Jugenheim) ist noch Wald mit Unterholz zu finden. Der Darmstädter Wald ist zu wesentlichen Teilen Laubmischwald, das heißt, man findet dort Eichen, Buchen, Birken und seltener Nadelbäume in Lebensgemeinschaften vereint. Gerade dies macht eben die Schönheit unseres Waldes aus, wo sich zudem noch zahlreiche Quellen und kleine Bachläufe befinden. Das westlich der Stadt liegende Waldgebiet ist durch das Vorherrschen der Kiefer und der Traubeneiche geprägt, wobei aber meist die Buche als zweite Baumschicht beigesellt ist.

Leider haben Verkehrswege, Industrieanlagen und Wohnsiedlungen gerade diesen Waldgürtel besonders stark in Mitleidenschaft gezogen. Es kann daher dankbar vermerkt werden, daß Magistrat und Stadtverordnetenversammlung bereits im August 1964 beschlossen haben, den Wald um Darmstadt unter den besonderen Schutz des Hessischen Forstgesetzes zu stellen. Dies geschah schließlich Anfang der siebziger Jahre durch den Regierungspräsidenten als obere Forstbehörde. Dabei ist dann der Wald im Westen der Stadt – durch die vielfältigen Eingriffe bereits heillos zerstückelt und immer durchlässiger werdend – als „Schonwald“, der Wald im Osten als „Erholungswaldgebiet“ ausgewiesen worden. Der Verwaltungsakt des Regierungspräsidenten bezweckte einmal schlicht die Erhaltung der betroffenen Waldflächen, um Nachteile für das Gemeinwohl wie zum Beispiel ungünstige Veränderungen des Kleinklimas, Lärmbelästigung, Störungen des Wasserhaushalts sowie Versandung und Staubablagerungen zu verhüten oder wenigstens abzumildern. Er bezweckte zum andern, den Wald als Erholungsgebiet für die Bevölkerung auf Dauer zu erhalten. Ebenfalls im Osten der Stadt liegt auch der „Bannwald“ Kranichstein, der den höchsten Schutz des Forstgesetzes gegen Waldinanspruchnahmen genießt.

Schon heute läßt sich sagen, daß diese vorausschauenden Maßnahmen, die den Schwund der Waldfläche bremsen sollten, sich voll bewährt haben. Doch ist erneut äußerste Wachsamkeit geboten: Eine erst seit wenigen Jahren jetzt auch in unserem Bereich deutlich erkennbare Gefahr für den Wald ist der unermeßliche Schaden, der ihm durch Emissionen, Gasschwaden aus chemischen Großbetrieben, Heizungen und nicht zuletzt durch Flugzeuge und Autos zugefügt wird. Diese Luftschadstoffe bedrohen auch unser Waldgebiet um Darmstadt, wobei allerdings noch andere zerstörende Faktoren (z.B. Sturmschäden, Grundwasserabsenkung, Versickerung von Abwässern, Aufhieb von Wald mit Randschäden als Folge) hinzutreten. Offenbar wirken die neuartigen Schädigungen schon seit längerer Zeit, ohne daß sie in ihrer ganzen Tragweite erkannt und rechtzeitig bekämpft worden wären. Mit Sorge beobachten Forstleute und Naturfreunde das Hinsterben der Waldbäume, erst der älteren Fichten und Tannen, nun aber auch der Laubbäume. Vor allem der schnelle Schadensverlauf bei den Hauptbaumarten Buche und Eiche gebietet unverzügliches Handeln zur Verminderung der Immissionen und Abwehr aller übrigen Gefahren für den Wald. Die neuartigen Waldschäden treten weit verbreitet auf, stabile naturnahe Wälder sind leider genauso gefährdet wie reine Nadelholzbestände.

In der Natur ist es so eingerichtet, daß die Tierwelt auf die Pflanzenwelt angewiesen ist und umgekehrt. Es ist erschreckend, daß nach den Feststellungen des Umweltbundesamtes in Berlin und der Bundesforschungsanstalt für Naturschutz und Landschaftsökologie in Bonn eine hohe Anzahl von Pflanzen- und Tierarten äußerst gefährdet ist, ja schon zu existieren aufgehört hat. Mit ungeheurer Geschwindigkeit breitet sich die Krankheit des Waldes bereits über riesige Strecken vom Sauerland bis zum Fichtelgebirge, vom Hunsrück bis zum Schwarzwald aus.

Gewisse Teile des Fichtelgebirges z.B. sind bereits dem Tode verfallen. Auch im Odenwald und in den Wäldern um Darmstadt zeigen sich deutliche Zeichen von Erkrankung. Von Forstleuten und Naturschützern längst gewarnt, sahen die Politiker lange Zeit darüber hinweg. Spät, sehr spät, scheinen sie zu erwachen. Der Tod des Waldes als Vegetationsschutzmantel des Bodens würde die allerschlimmsten Folgen für unsere Wasserversorgung haben, ganz abgesehen von vielfachen weiteren Folgen. Es ist erschreckend, wieviel von der Industrie erzeugtes Gift schon in der Atmosphäre und in den Gewässern zerstörend wirksam geworden ist. Die organische Natur wird weitgehend durch das Wirtschafts- und Profitdenken in unserer Zeit bedroht.

Die Forstverwaltungen in Darmstadt und Seeheim-Jugenheim, denen die Pflege und der Schutz der Wälder um unsere Stadt obliegt, tun alles, um die Ökologie des Waldes in Ordnung zu halten, die Schädigungen zu beseitigen und das Wachstum zu fördern, mit einem Wort, den Wald zu pflegen und zu stabilisieren. Dankbar wird anerkannt, daß in den Bereichen Böllenfalltor und Bessunger Forst zahlreiche Einrichtungen für Erholungszwecke, Spiel- und Grillplätze geschaffen, Parkplätze angelegt und Ruhebänke aufgestellt worden sind.

Vom Kuratorium für Freizeit und Erholung, einer Tochter des Darmstädter Verkehrsvereins, wurde am Steinbrücker Teich ein Freizeit- und Erholungszentrum geschaffen, während das städtische Gartenamt die Grube „Prinz von Hessen“ an der Landstraße zum „Einsiedel“ als Badesee hergerichtet hat. Erfreulicherweise ist unser Darmstädter Wald noch von Tieren belebt, dem Reh, dem Fuchs, dem Eichhörnchen, verschiedenen Marderarten. Auch Rotwild und Damhirsche sind hier noch beheimatet, diese allerdings eingegattert im Wildschutzgebiet Kranichstein. Ein nicht besonders herzlich begrüßter Bewohner unserer Wälder ist seit einigen Jahren der Waschbär. Von den Vögeln sei hier nicht gesprochen, denn bei uns leben noch viele Vogelarten. Und Ameisenhaufen finden sich unter dem besonderen Schutz der Förster auch da und dort.

Man kann den uralten Bäumen eigentlich nur mit Ehrfurcht gegenübertreten. Es darf daran erinnert werden, daß es in früheren Zeiten regelrechte Baumkulte gab. Der Baum war heilig, er war der Gottheit geweiht. In den Mythen der alten Inder, der Bewohner der Inseln Indonesiens, auch im nahen Orient, etwa im Gilgamesch-Epos spielt der Weltenbaum eine besondere Rolle, ebenso aber auch in der germanischen Mythologie mit der Weltesche Yggdrasil. Hingewiesen kann werden auf die von Bonifatius gefällte Donareiche bei Fritzlar. Die Bibel berichtet vom Baum der Erkenntnis und von der Bedeutung des Feigenbaumes. Buddha empfängt die Erleuchtung unter dem Bodhibaum. Unter alten Bäumen fanden jahrhundertelang die Gerichtsverhandlungen statt. Die noch mancherorts stehenden Gerichtslinden sind bekannt. Der Mythos des Baumes ist sogar heute noch nicht erloschen. Als ein Nachklang von der Verehrung geheiligter Bäume kann noch seit dem 17. Jahrhundert der Christbaum zu Weihnachten verstanden werden.

Inmitten dieser Darmstädter Wälder leben und stehen noch eine Anzahl alter, ehrwürdiger Bäume und Baumriesen. Diese sind als Denkmäler der Natur gewaltige Zeugen schon lange vergangener Zeiten auch im Leben des Waldes. Meist sind es Eichen, die Jahrhunderte überleben, wenngleich es unter den etwas weniger lang lebenden Buchen eindrucksvolle alte Exemplare gibt. Manche unserer alten Eichen, etwa die Klipsteinseiche bei Traisa oder die ältesten Eichen im Forst zwischen Kranichstein und Messel, sind sieben- bis achthundert Jahre alt, standen also als junges Pflänzchen schon zu Zeiten der Stauferkaiser. Jetzt sind sie herangewachsen bis zu 34 Metern, ja bis zu 41 Metern Höhe und haben bis zu sieben Metern Umfang. Eine herrlich gewachsene Kiefer, die „Braut“ genannt, im westlichen Wald bei Eberstadt, mußte vor einigen Jahren gefällt werden, weil sie abgestorben war. Ebenso existiert nicht mehr die sogenannte Tausendjährige Eiche im Wald bei Kranichstein, sie ist in sich zusammengebrochen. Etwa sechzig dieser zum Teil uralten und noch lebenden Bäume in den Wäldern um Darmstadt sind bestimmten Persönlichkeiten gewidmet, die in Bezug stehen zur Darmstädter Geschichte oder sich besondere Verdienste erworben haben auf den Gebieten der Literatur, der Wissenschaft, der Heimatkunde und selbstverständlich auch der Forstwirtschaft und Forstwissenschaft. Sie haben die Namen der verdienstvollen Persönlichkeiten erhalten.

Im nachfolgenden soll eine Reihe dieser Bäume dem Namen nach beschrieben und deren Standort angegeben werden. Am Ende dieser Veröffentlichung findet sich eine Aufstellung aller zur Zeit in den Wäldern um Darmstadt stehenden „gewidmeten Bäume". Auch eine Karte mit Namen und Standort ist beigelegt.

Neben diesen Bäumen stehen im Darmstädter Wald noch weitere, herrlich gewachsene Baumriesen, von denen wir einige genannt haben. Vielleicht sollte man einige von ihnen eben doch noch benennen und sie so unter einen gewissen Schutz stellen. Auch diese Bäume sind auf der Karte markiert. Alle diese Bäume müssen erwandert, sie können nicht mit dem Kraftfahrzeug „angefahren" werden. Und das ist gut so. Die Fußwege zu den alten Eichen und Buchen sind von den Haltestellen wie von den Parkplätzen aus alle recht gut zu finden. Ein Gang durch den Wald öffnet dem Wanderer aus der Stadt den Sinn für die lebendige Natur; an den Durchblicken der Schneisen und über die stillen Waldwiesen eröffnet sich der Blick für die heimische Landschaft. Seien wir uns doch klar darüber, daß man sich im Wald gewissermaßen in sich verströmenden Kraftfeldern bewegt, die gesundende Wirkung haben. Jede Eiche ist zwar nur ein Eichbaum und jeder Buchbaum nur eine Buche, aber jede Eiche und jede Buche ist eine Individualität für sich. Das sollte stets bedacht werden.

Wir haben zur Darstellung einiger Bäume in unserem Büchlein keine Fotos, sondern Zeichnungen gewählt, weil wir glauben, daß in der Zeichnung durch den menschlich, also geistig und seelisch engagierten Künstler das Wesen eines Baumes lebendiger zutage tritt, als es die Fotografie wiederzugeben vermag. Die Hinweise auf die Namenspaten der Bäume wurden auf Kurzbiographien mit den wichtigsten Lebensdaten, soweit sie zu ermitteln waren, beschränkt.

Carlo Schneider

Aliceneiche

Standort: *Am Weg vom Oberwaldhaus nach dem Jagdschloß Kranichstein, rechts im Bestand (28/78). Forstabteilung: Forstamt Darmstadt 620. Durchmesser: 1,04 m; Umfang: 3,27 m; Höhe: 33 m; Alter: ca. 300 Jahre.*
Namenspatin: *Alice Prinzessin von Großbritannien und Irland, Großherzogin von Hessen und bei Rhein (1843–1878).*

Die zweite Tochter der Queen Victoria und des Prinzgemahls Albert von Sachsen-Coburg und Gotha vermählte sich am 1. Juli 1862 mit dem Prinzen Ludwig, späterem Großherzog Ludwig IV. von Hessen und bei Rhein. Sie hat sich in außerordentlichem Maß der sozialen Fürsorge gewidmet und hier große Verdienste erworben. Allzufrüh starb sie im Alter von 35 Jahren an einer Infektionskrankheit, angesteckt durch eines ihrer Kinder. Im Alicehospital, das 1883 eingeweiht wurde, lebt ihr Name und ihr Werk weiter; das Denkmal von Ludwig Habich auf dem Wilhelminenplatz erinnert an sie.

Bibraeiche

Standort: *Kreuzung Ludwigsweg (Vogelschneise)/Weinweg (22/76). Forstabteilung: Forstamt Seeheim-Jugenheim 246. Durchmesser: 0,84 m; Umfang: 2,68 m; Höhe: 33 m; Alter: ca. 250 Jahre.*
Namenspate: *Berthold Wilhelm Hermann Friedrich August Freiherr von Bibra (1804–1878).*

Geboren als Sohn des Oberforstmeisters Christian Ernst Heinrich Freiherrn von Bibra und dessen Frau Luise, geb. Freiin Riedesel zu Eisenbach, in Romrod. Nach Schulbesuch und Studium 1825 Prüfung für das Forstfach. 1830 Revierförster in Wahlen bei Alsfeld, 1831 Revierförster in Romrod, 1845 Forstmeister in Heppenheim, 1849 Forstmeister in Darmstadt, 1862 Vize-Oberstjägermeister in Darmstadt, 1863 Mitglied der Oberforstdirektion mit dem Titel Oberforstrat. 1870 Versetzung in den Ruhestand und Ernennung zum Oberstjägermeister.

Franz-Boerner-Eiche

Standort: *Am Woogsbergrandweg, nahe dem Bernhardsbrunnen (27/79). Forstabteilung: Forstamt Darmstadt 114. Durchmesser: 1,12 m; Umfang: 3,53 m; Höhe: 27 m; Alter: ca. 260 Jahre.*
Namenspate: *Franz Boerner (1897–1975).*

Nach Schulbesuch in Berlin Studium an der Höheren Lehranstalt für Gartenbau in Berlin-Dahlem. Mit 26 Jahren 1923 Garteninspektor im Botanischen Garten der Universität Dorpat in Estland. 1930–1935 Dendrologe bei der Baumschule Späth in Berlin. 1935–1938 Gartenoberinspektor am Botanischen Garten der Universität Göttingen. Nach kurzer Tätigkeit als Dozent an der Forschungsanstalt für Obst- und Gartenbau in Geisenheim/Rhein von 1947 bis 1969 Leiter des Botanischen Gartens in Darmstadt.

Mit 19 Jahren Mitglied der Deutschen Dendrologischen Gesellschaft, wurde er 1947 einer ihrer Wiederbegründer, war bis 1961 deren Geschäftsführer und sodann bis 1970 schließlich ihr Präsident; 1970 wurde er zum Ehrenpräsidenten der Gesellschaft gewählt.

Franz Boerner genoß in Fachkreisen des In- und Auslands wegen seiner einmaligen Kenntnisse höchstes Ansehen. Mehrere Fachbücher und wissenschaftliche Artikel in Fachzeitschriften entstammen seiner Hand. Zu seinem 70. Geburtstag erhielt Franz Boerner im Jahre 1967 in Darmstadt die Johann-Heinrich-Merck-Ehrung.

Bosebuche

Standort: *Oberhalb des Waltersteichs links der Vogelschneise (21/76). Forstabteilung: Forstamt Seeheim-Jugenheim 245b. Durchmesser: 1,31 m; Umfang: 4,13 m; Höhe: 40 m; Alter: ca. 350 Jahre.*
Namenspate: *Heinrich Ludwig Bose (1812–1905).*

In Gladenbach geboren. 1833 Staatsprüfung im Forstfach, 1838 Revierförster in Breitenbach, 1846 Revierförster in Gladenbach, 1852 Assessor bei der Oberforst- und Domänendirektion, 1853 Mitglied der Collegial-Prüfungskommission für das Finanz- und technische Fach, 1854 Oberforstrat, 1874 Geheimer Oberforstrat, 1877 Oberforstdirektor, 1880 pensioniert.

Brauneiche

Standort: *Am Ludwigsweg (Vogelschneise) zwischen Waltersteich und Weinweg (21/76). Forstabteilung: Forstamt Seeheim-Jugenheim 246. Durchmesser: 0,76 m; Umfang: 2,40 m; Höhe: 32 m; Alter: ca. 200 Jahre.*
Namenspate: *Ernst Braun (1817–1895).*

In Hohensolms geboren, studierte Ernst Braun nach Besuch des Gymnasiums in Gießen Forstwissenschaft. Nach Ablegung der Staatsprüfung im Jahre 1839 wurde er 1843 Sekretär bei der Oberforstdirektion in Darmstadt und 1849 Dirigent des Forstvermessungs- und Taxationsbüros. 1852 verwaltete er für eineinhalb Jahre die Oberförsterei Lich in Oberhessen. Seit 1858 Verwalter des Holzsamenmagazins, wurde er 1869 Vortragender Rat bei der Oberforst- und Domänendirektion. Er hatte sich dabei hauptsächlich mit der Bewirtschaftung der Gemeinde- und Stiftungswaldungen zu befassen. Im gleichen Jahr wurde er Mitglied der Staatsprüfungskommission für das Finanz- und technische Fach. Auch literarisch hat sich Ernst Braun noch über seine im Jahre 1888 erfolgte Pensionierung hinaus betätigt. Eine ihm gewidmete Kiefer am Papiermüllerweg ist nicht mehr vorhanden.

Claudiuseiche

Standort: *Am Kirchweg zwischen Fußweg nach Traisa und Stekkertswiesenschneise (24/77). Forstabteilung: Forstamt Darmstadt 45. Durchmesser: 1,11 m; Umfang: 3,50 m; Höhe: 29 m; Alter: ca. 350 Jahre.*
Namenspate: *Matthias Claudius (1740–1815).*

Zunächst Mitarbeiter einer kleinen Zeitung in Wandsbek bei Hamburg, weshalb ihm auch der Name „Wandsbeker Bote" blieb. Durch Vermittlung des Hofpredigers Johann Gottfried Herder kam Matthias Claudius im April 1776 nach Darmstadt und trat hier eine Stelle als Oberlandkommissar mit dem Titel eines Wirklichen Kammerrats an. Über diese berufliche Tätigkeit ist nicht allzuviel bekannt.

Zugleich war Claudius Redakteur der „Hessen-Darmstädtischen Landzeitung", Vorgängerin der späteren „Darmstädter Zeitung". Obwohl Claudius die Landschaft um Darmstadt geliebt hat, fühlte er sich in der Residenz nicht recht wohl, zumal sich auch seine Beziehungen zu dem leitenden Staatsminister Friedrich Carl von Moser mit der Zeit sehr verschlechterten. Moser äußerte sich: „Er war zu faul, mochte nichts tun als die Vögel singen hören, Klavier spielen und spazierengehen". Schon 1777 wurde ihm seine Stellung gekündigt, und er reiste mit seiner Familie nach Wandsbek zurück. Unvergessen aber bleibt Matthias Claudius in Darmstadt mit seinem bei einem Gang am Schnampelweg gedichteten Abendlied „Der Mond ist aufgegangen".

Claudiuseiche

Daabbuche

Standort: *Am Paul-Trinkglas-Weg zwischen Fußweg nach Traisa und dem Paul-Trinkglas-Tempel (23/77). Forstabteilung: Forstamt Darmstadt 34. Durchmesser: 1,11 m; Umfang: 3,50 m; Höhe: 48 m; Alter: ca. 300 Jahre.*
Namenspate: *Hermann Daab (1853–1919).*

Nach Besuch des Gymnasiums und der Polytechnischen Schule in Darmstadt Studium der Forstwissenschaft, Botanik und Landwirtschaft in Gießen. 1881 Oberförster in Bingenheim (Oberhessen), 1887 Oberförster in Ernsthofen, 1898 Oberförster in Nieder-Ramstadt/Ober-Ramstadt, 1899 Forstmeister; 1913 Forstmeister beim Forstamt Bessungen, 1917 Geheimer Oberforstrat. Er hat sich um die Pflege des Bessunger Waldes sehr verdient gemacht.

Delpbuche

Standort: *Weg hinterm Herrgottsberg am Felsen unterhalb des dortigen Teichs (23/76). Forstabteilung: Forstamt Darmstadt 28. Durchmesser: 0,91; Umfang: 2,68 m; Höhe: 32 m; Alter: ca. 150 Jahre.*
Namenspate: *Carl Heinrich Delp (1865–1930).*

Nach Schulbesuch in Darmstadt Studium der Forstwissenschaft, 1899 Forstassessor bei dem Forstvermessungs- und Taxationsbüro in Darmstadt, 1902 Forsttechnischer Beamter bei der gleichen Stelle, 1903 Oberförster, 1909 Forstmeister, 1920 als Forstmeister Leiter der Oberförsterei Bessungen, 1929 als Oberforstmeister in den Ruhestand versetzt. In einem kurzen Nachruf bei dem Tode C. H. Delps im November 1930 heißt es: „Ein treuer Pfleger und Heger des Waldes."

Dippelshofeiche

Dippelshofeiche

Standort: *Am Eckweg kurz vor dessen Einmündung in die Alte Ober-Ramstädter Straße in der Nähe des ehemaligen Forsthauses Eisernhand (23/79). Forstabteilung: Forstamt Seeheim-Jugenheim 219. Durchmesser: 0,99 m; Umfang: 3,10 m; Höhe: 33 m; Alter: ca. 250 Jahre.*
Namenspate: *Der Dippelshof, das in der Nähe gelegene Gehöft.*

Der Dippelshof geht auf einen alten Hof aus der landgräflichen Zeit zurück. In einem Grundstücksstreit 1789/91 tritt der Name erstmals urkundlich auf; er geht auf ein Mitglied der in Nieder-Ramstadt ansässigen Pfarrerfamilie Dippel zurück. Im Jahre 1710 erwirbt Johann Albert Dippel das Hofgut. Schon 1730 wird der Dippelshof weiterverkauft und hat in der Folgezeit wechselnde Eigentümer. Im 19. Jahrhundert war er ein beliebtes Ausflugsziel der Darmstädter (vergl. Niebergalls „Datterich" und „Des Burschen Heimkehr oder: Der tolle Hund"). Im Jahre 1898 wurde der Dippelshof von dem aus Schlesien stammenden Friedrich Wilhelm Bullrich erworben; er ließ in den Jahren 1908–1910 von Professor Edmund Körner den schönen Jugendstilanbau mit einem großartigen Musiksaal errichten, der inzwischen leider sehr gelitten hat. Der Dippelshof gehört gegenwärtig der Gemeinde Mühltal.

Von-Dörnberg-Eiche

Standort: *Am Papiermüllerweg, unweit des Forsthauses Emmelinenhütte, Mühltal-Trautheim (22/77). Forstabteilung: Forstamt Seeheim-Jugenheim 240c. Durchmesser: 0,88 m; Umfang: 2,87 m; Höhe: 28 m; Alter: ca. 250 Jahre.*
Namenspate: *Friedrich Wilhelm Carl Heinrich Ferdinand Reichsfreiherr zu Dittershausen und Dörnberg (1781–1877).*

Geboren zu Mansbach bei Hersfeld, Besuch des Gymnasiums und anschließend erster Unterricht im Forstwesen in Weilburg. 1801 Jagdjunker des Landgrafen Ludwig X. (späteren Großherzogs Ludewig I.). Weitere forstliche Ausbildung bei Heinrich Cotta in Zillbach bei Schmalkalden (Cottas hochangesehene Privat-Forstlehranstalt kam 1811 nach Tharandt bei Dresden; wenig später Umwandlung zur Königlich-Sächsischen Forstakademie). 1802 Oberforstassessor in Darmstadt, 1804 Assessor beim Oberforstkolleg in Darmstadt, 1807 Forstmeister in Lorsch, 1814 Oberforstmeister, 1824 in gleicher Eigenschaft Forstinspektor in Heppenheim und in Lorsch. Dörnberg ließ erstmals planmäßig Forsteinrichtungsarbeiten ausführen und führte mit Erfolg den dreijährigen landwirtschaftlichen Zwischenbau ein. 1844 erfolgte die Berufung zur Oberforstbehörde in Darmstadt, 1847 Landjägermeister, 1851 Prädikat Exzellenz, 1852 Oberstjägermeister. 1864 wurde von Dörnberg mit 83 Jahren pensioniert, verblieb aber in seinen Ehrenstellungen. 1877 verstarb er im Alter von 94 Jahren nach einer Erkältung, die er sich bei einem Sitzprotest auf kaltem Felsen zugezogen hatte. Der engagierte Baumschützer hatte sich wohl zuviel zugemutet, als er auf eine für die damalige Zeit etwas ungewöhnliche Art in Darmstadt gegen die Fällung alter Eichen demonstierte. Es handelte sich um das Gelände Ecke Stiftstraße und Darmstraße, auf dem später die Knabenarbeitsanstalt errichtet wurde.

Freiherr von Dörnberg war Ehrenbürger von Lorsch, Mitbegründer und langjähriger Vorsitzender des Elisabethenstifts in Darmstadt, Mitbegründer des Hessischen Landwirtschaftlichen Vereins und schließlich dessen Ehrenpräsident und zwölf Jahre lang Mitglied der Zweiten Kammer der Landstände (Landtag).

Von Dörnberg kann mit Recht als der Begründer der modernen Forstwirtschaft in den Forsten im Ried und als einer der bedeutendsten Forstleute Hessens überhaupt bezeichnet werden.

Dragonereichen

Standort: *An der Hanauer Straße, Nähe ehemaliges Forsthaus Kalkofen (32/78). Forstabteilung: Forstamt Darmstadt 680. Vordere Eiche: Durchmesser: 1,56 m; Umfang: 4,90 m; Höhe: 35 m; Alter: ca. 350 Jahre. – Hintere Eiche: Durchmesser: 1,40 m; Umfang: 4,40 m; Höhe: 22 m; Alter: ca. 350 Jahre.*
Namenspate: *Hessen-Darmstädtisches Leibdragoner-Regiment.*

Die beiden Dragonereichen sind benannt in Erinnerung an das Hessen-Darmstädtische Leibdragoner-Regiment im 18. Jahrhundert, dessen eine Kompanie in Arheilgen, die zweite in Kranichstein stationiert war. Beide hatten im Feld beim Forsthaus Kalkofen ihr Übungsgelände. Unter den Eichen, die früher unmittelbar am Waldrand standen, pflegten die Soldaten zu biwakieren. Eine früher an einer der Dragonereichen angebrachte Tafel trug folgende Inschrift:

Ihr, jetzt von stiller Einsamkeit umgeben,
Ihr sahet einst ein frohbewegtes Leben,
Als noch der Reiter kriegerische Schar
So oft den Zug an euch vorüber lenkte,
Die durst'gen Rosse in der Nähe tränkte;
Unfern von hier ihr Übungslager war.
Wenn wechselnd auch die Zeiten sich gestalten,
Erinn'rung kann sich doch ihr Bild erhalten.

1753, den 4. Juli

Draudteiche

Standort: *Am Fußpfad entlang der Bundesstraße 449 von Darmstadt nach Mühltal-Trautheim, etwa 200 m rechts vor der Kreuzung mit der Lochschneise (22/77). Forstabteilung: Forstamt Darmstadt 22. Durchmesser: 1,51 m; Umfang: 4,57 m; Höhe: 31 m; Alter: ca. 450 Jahre.*
Namenspate: *August Draudt (1816–1894).*

Nach Besuch des Gymnasiums in Gießen Studium der Forstwissenschaft. Nach Staatsprüfung 1840 verschiedene dienstliche Stellungen: 1841 Homberg an der Ohm, Eberstadt bei Darmstadt, 1846 Gießen, 1874 Berufung in das Ministerium in Darmstadt, 1875 Oberforstrat, 1883 Ministerialrat als Vorsitzender der Forst- und Kameralverwaltung, 1887 Geheimrat, 1893 Ruhestand.

Draudt war seit 1846 mit der Tochter Henriette des damaligen Präsidenten der Oberforstdirektion Dr. Philipp Engel von Klipstein verheiratet. Draudts Tochter war die Gemahlin des Professors der Forstwissenschaft Tuisko Lorey in Tübingen (siehe Loreybuche).

Besondere Verdienste Draudts waren: Entwurf eines Fischereigesetzes, eines Handbuchs für die Forst- und Kameralverwaltung in Hessen und Veröffentlichungen über die Ermittlung von Holzmassen.

Du-Thil-Eiche

Standort: *Am Kirchweg zwischen Fußweg nach Traisa und Stekkertswiesenschneise (24/77). Forstabteilung: Forstamt Darmstadt 45. Durchmesser: 1,23 m; Umfang: 3,85 m; Höhe: 31 m; Alter: ca. 400 Jahre.*
Namenspate: *Karl Wilhelm Heinrich du Bos du Thil (1777–1859).*

Die Eiche trägt jetzt den Namen zweier 400jähriger Eichen, die an der Birkenschneise in der Nähe des Wilbrandsbrünnchens standen und im Frühjahr 1975 gefällt werden mußten, weil sie in den Kronen ausgetrocknet und dürr geworden waren.

Du Thil entstammte einer adeligen Hugenottenfamilie der Normandie, die in den Verfolgungszeiten unter Ludwig XIV. nach Deutschland auswandern mußte. Nach Besuch der Karlsschule in Stuttgart Studium in Tübingen und Göttingen. 1799 in Solms-Braunfelsischen Diensten. 1802 Kammerherr in Darmstadt, 1803 Regierungsrat. Infolge seiner besonderen Fähigkeiten 1821 Finanzminister, 1829 dirigierender Staatsminister. Bedeutendstes Ereignis seiner Wirksamkeit war der preußisch-hessische Zollvertrag vom 14. Februar 1828, der dem Handel in Hessen großen Aufschwung brachte. Die beiden einstigen nebeneinanderstehenden Eichen sollten an die damalige Vereinbarung Hessen/Preußen erinnern.

Edschmideiche

Standort: *Am Albertsbrunnenweg, Abzweig vom Schnampelweg (24/78). Forstabteilung: Forstamt Darmstadt 62. Durchmesser: 1,09 m; Umfang: 3,43 m; Höhe: 31 m; Alter: ca. 300 Jahre.*
Namenspate: *Kasimir Edschmid (eigentl. Eduard Schmid, 1890–1966).*

Nach Besuch des Ludwig-Georgs-Gymnasiums in Darmstadt Studium in München, Genf, Paris und Straßburg. Schriftsteller. 1913–1922 Mitarbeiter und Herausgeber mehrerer Zeitschriften. 1928 wurde ihm der Büchnerpreis verliehen. 1933 öffentliche Verbrennung seiner Bücher, 1939–1945 Veröffentlichungsverbot. Kasimir Edschmid ist zu verdanken, daß die Deutsche Akademie für Sprache und Dichtung 1951 ihren Sitz in Darmstadt nahm. Er erhielt viele Auszeichnungen, war Ehrenpräsident des PEN-Zentrums der Bundesrepublik Deutschland, Ehrenpräsident der Deutschen Akademie für Sprache und Dichtung. Am 5. Oktober 1960 wurde er Ehrenbürger der Stadt Darmstadt.

Eidmanneiche

Standort: *An der Oppermannswiesenschneise, Ecke Oppermannswiese (26/78). Forstabteilung: Forstamt Darmstadt 97. Durchmesser: 1,15 m; Umfang: 3,63 m; Höhe: 37 m; Alter: ca. 330 Jahre.*
Namenspate: *Heinrich Eidmann (1873–1936).*

In Richen bei Groß-Umstadt geboren und dort zur Schule gegangen, sollte Heinrich Eidmann Metzger werden, legte auch die Gesellenprüfung ab und ging dann auf Wanderschaft. Der Metzgerberuf war ihm jedoch zutiefst zuwider. Er setzte es durch, seiner eigentlichen Berufung zu folgen, besuchte 1893–1895 das Lehrerseminar in Friedberg und erhielt seine erste Stelle als Lehrer in Schaafheim, war dann Schulverwalter in Langstadt und Biebesheim, endlich Lehrer in Niedernhausen (in der heutigen Gemeinde Fischbachtal, Landkreis Darmstadt-Dieburg). Hier entwickelte sich Eidmann, der ein ausgezeichneter Lehrer und von hohem geistigen Rang war, zum Heimatforscher. Gründung eines der ersten Heimatmuseen. Seit 1907 Lehrer an der Mornewegschule in Darmstadt. Ausgedehnte schriftstellerische Tätigkeit auf dem Gebiet der Volks- und Heimatkunde. Viele Jahre Vorsitzender der Vereinigung „Alt-Darmstadt".

Eisernhandeiche

Standort: *Im Bestand an der Alten Dieburger Straße, kurz hinter dem ehemaligen Forsthaus „Eisernhand" (23/80). Forstabteilung: Forstamt Seeheim-Jugenheim 212b. Durchmesser: 1,16 m; Umfang: 3,64 m; Höhe: 19 m; Alter: ca. 350 Jahre.*
Namenspate: *Das ehemalige Forsthaus Eisernhand an der Wegegabelung Alte Ober-Ramstädter Straße/Alte Dieburger Straße im Wald oberhalb Mühltal-Traisa.*

Herkunft und Bedeutung des Namens stehen in Zusammenhang mit einem alten Wegweiser aus Eisen, der bis in die sechziger Jahre unseres Jahrhunderts hier stand und nach Traisa, Ober-Ramstadt und Roßdorf zeigte.

Fingereiche

Standort: *Am Pfad neben der Straße zum Einsiedel an der Kreuzung zur Höllschneise (29/79). Forstabteilung: Forstamt Darmstadt 127. Durchmesser: 1,30 m; Umfang: 4,09 m; Höhe: 17 m; Alter: ca. 400 Jahre.*
Namenspate: *Jakob Finger (1825–1904).*

Nach Schulbesuch in Alzey Studium in Gießen und Heidelberg, 1850 Ergänzungsrichter in Ober-Ingelheim, 1851 Referendar in Alzey, 1855 Anwalt in Alzey, 1872 Ministerialrat in Darmstadt, 1879 Geheimer Staatsrat, 30. Juli 1884 Staatsminister.

Seit 1862 Mitglied des Landtags. Besondere Verdienste während seiner Ministertätigkeit: Abschluß einer Eisenbahngemeinschaft Hessen/Preußen und Verabschiedung eines Beamtengesetzes. 1893 Dr. jur. h. c. und 1895 Dr. med. h. c. der Universität Gießen, 1899 Mitglied der Ersten Kammer der Landstände.

Friedrich-der-Große-Eiche

Standort: *Im Bestand östlich der Bornschneise nahe der Bahnstrecke nach Aschaffenburg (31/80). Forstabteilung: Forstamt Darmstadt 646. Durchmesser: 1,85 m; Umfang: 5,80 m; Höhe: 36 m; Alter: ca. 500 Jahre.*
Namenspate: *Friedrich II., der Große, genannt der „Alte Fritz", König von Preußen (1712–1786).*

Schwerpunkte in der Biographie Friedrich II. sind strenge Jugendjahre; nach mißglückter Flucht und Hinrichtung seines Freundes Katte unterwirft er sich der Autorität des Vaters; seit 1736 eigene Hofhaltung (Schloß Rheinsberg). 1740 König von Preußen. Schlesische Kriege (1740–1742, 1745/46), Siebenjähriger Krieg (1756–1763). Entwicklung Preußens zur Großmacht. Vorliebe für Musik (Flötenspiel), Literatur, Philosophie der Aufklärung (Freundschaft mit Voltaire). Schloß Sanssouci in Potsdam.

Die Beziehungen Friedrich II. zu Darmstadt weisen in die Zeit des Landgrafen Ludwig IX. und seiner Gemahlin Caroline, der „Großen Landgräfin". Der hessische Erbprinz war 1744/45 und 1750–1756 in Prenzlau und im letzten Jahr in Berlin in preußischen Diensten und so in nächster Nähe und wiederholt Gast des preußischen Hofes. Der König schätzte den Landgrafen, noch mehr aber die Landgräfin, die er 1750 persönlich kennengelernt hatte. Er nannte sie später „Zierde und Bewunderung unseres Jahrhunderts". Seine besondere Wertschätzung drückte er durch Stiftung der Marmorurne mit der Inschrift „Femina sexu, ingenio vir" (Vom Geschlecht eine Frau, von Geist ein Mann) für ihre Grabstätte im Darmstädter Herrngarten aus.

Theodor-Fuchs-Eiche

Standort: *Hinterhecksweg, Nähe Mittelweg (28/81). Forstabteilung: Forstamt Darmstadt 144. Durchmesser: 1,27 m; Umfang: 4,00 m; Höhe: 30 m; Alter: ca. 280 Jahre.*
Namenspate: *Theodor Fuchs.*

Theodor Fuchs, Dr. jur., geb. 1861, Sterbejahr unbekannt (im Jahre 1907 nach Jena verzogen).

1890 Kreisamtmann in Offenbach, 1893 Ministerialsekretär im Hess. Staatsministerium, 1897 Legationsrat, 1898 Oberfinanzrat, seit 1899 Mitglied des Hess. Verwaltungsgerichtshofs in Darmstadt. Verdienter hessischer Beamter.

Gabelsbergereiche

Standort: *Nahe Kreuzung Bernhardsackerschneise/Grenzschneise (26/79). Forstabteilung: Forstamt Darmstadt 92. Durchmesser: 1,10 m; Umfang: 3,68 m; Höhe: 34 m; Alter: ca. 280 Jahre.*
Namenspate: *Franz Xaver Gabelsberger (1789–1849).*

Sekretär im bayerischen Staatsdienst, Erfinder der Kurzschrift, die später nach Zwischenstufen (Stolze, Schrey) zur Deutschen Einheitskurzschrift entwickelt wurde.

Von-Gall-Eiche

Standort: *Am Jägermeisterweg zwischen Speierhügelschneise und Bernhardsackerschneise (28/79). Forstabteilung: Forstamt Darmstadt 120. Durchmesser: 1,53 m; Umfang: 4,81 m; Höhe: 29 m; Alter: ca. 400 Jahre.*
Namenspate: *Carl Friedrich Christian Freiherr von Gall (1773–1861).*

1784 Page des Fürsten Ludwig von Nassau-Saarbrücken, anschließend wegen Staatsauflösung durch die Französische Revolution im hessischen Militärdienst, sodann Studium der Forstwissenschaft, 1824 Forstmeister in Gießen, Großherzoglicher Kammerherr, seit 1833 Landesjägermeister, 1845 Wirklicher Geheimer Rat, Excellenz. Herr der Curtischen Güter in Groß-Umstadt.

Wilhelm-Glässing-Eiche

Standort: *Am Scheftheimer Weg, in der Nähe des Rücksbrünnchens (27/78). Forstabteilung: Forstamt Darmstadt 98. Durchmesser: 1,22 m; Umfang: 3,85; Höhe: 36 m; Alter: ca. 300 Jahre.*
Namenspate: *Wilhelm Glässing (1865–1929).*

Geboren in Groß-Gerau, 1893 juristische Staatsprüfung, 1894 Dr. jur. und Referendar in Gießen, wo er mit kommunalpolitischen Aufgaben vertraut wurde. Seit 1901 Beigeordneter in Darmstadt, 1904 Bürgermeister, 1909–1929 Oberbürgermeister der Stadt Darmstadt, Mitbegründer der Hessischen Eisenbahn-AG, der heutigen Hessischen Elektrizitäts-AG (HEAG), Ehrensenator der Technischen Hochschule Darmstadt, Vorsitzender des Odenwaldklubs Darmstadt.

Goethebuche

Standort: *Am Fußpfad rechts der Bundesstraße 449 nach Trautheim, am Ostabhang des Herrgottsberges, nahe Böllenfalltor (23/76). Forstabteilung: Forstamt Darmstadt 28. Durchmesser: 1,18 m; Umfang: 3,71 m; Höhe: 32 m; Alter: ca. 300 Jahre.*
Namenspate: *Johann Wolfgang von Goethe (1749–1832).*

Großer deutscher Dichter von Universalität des Geistes. Nach Jugendzeit am Geburtsort Frankfurt/Main Studium der Rechtswissenschaften in Leipzig und Straßburg. Dort Bekanntschaft mit Johann Gottfried Herder, 1771 Promotion in Straßburg, 1772 Tätigkeit am Reichskammergericht in Wetzlar, 1775 auf Einladung des Herzogs Karl August in Weimar, 1776 dort Geh. Legationsrat, 1779 Geheimrat, 1782 Kammerpräsident und geadelt. 1786 und 1790 Reisen nach Italien. 1806 Vermählung mit Christiane Vulpius. 1815 Erster Staatsminister in Weimar. Hier 1832 Tod und Beisetzung in der Fürstengruft.

Goethe hinterließ ein umfassendes dichterisches und wissenschaftliches Lebenswerk.

Der Dichter stand über viele Jahre hinweg in enger Beziehung zu Darmstadt. Seit Dezember 1771 bestand die persönliche Bekanntschaft mit dem Darmstädter Kriegsrat Johann Heinrich Merck. Am 3. März 1772 befand sich Goethe im Kreis der „Darmstädter Heiligen". Es entstanden die Gedichte „Wanderers Sturmlied", „Felsweihegesang an Psyche" (an Caroline Flachsland), „Elysium" (an Henriette von Roussillon), die bei Spaziergängen zum Herrgottsberg im „Kreis der Empfindsamen" wohl ihre Anregung gefunden haben. Im gleichen Jahr weilte der Dichter im November und Dezember fast einen Monat lang in Darmstadt, dann wieder im folgenden Jahr, als er am 2. Mai 1773 der Trauung Herders mit Caroline Flachsland in der Stadtkirche beiwohnte. Auch in den nächsten Jahren und Jahrzehnten, wenn auch nach dem Tod Johann Heinrich Mercks 1791 seltener, besuchte Goethe Darmstadt, letztmals im Jahre 1815. An ihn erinnern in Darmstadt der große Felsen auf dem Herrgottsberg mit Inschriftstafel, die Goethestraße, das Denkmal im Herrngarten und die nach ihm benannte Schule in der Viktoriastraße.

Heinemannbuche

Standort: *Am Ludwigsweg/Kreuzung Papierweg (23/76). Forstabteilung: Forstamt Darmstadt 18. Durchmesser: 0,60 m; Umfang: 2,05 m; Höhe: 28 m; Alter: ca. 170 Jahre.*
Namenspate: *Karl Heinemann (1845–1914).*

In Goddelau geboren, wurde Heinemann nach Schulbesuch und Studium der Forstwissenschaft 1878 Oberförster in Messel, 1889 Oberförster in Erbach, 1892 Forstmeister in Wald-Michelbach, aber noch im gleichen Jahr nach Lorsch versetzt, 1898 Oberforstmeister in Darmstadt-Bessungen. Hier hat sich Heinemann nicht nur in vorbildlicher Weise um forstliche Belange bemüht, sondern auch als Vorstandsmitglied des Darmstädter Verschönerungsvereins in der Erschließung des Waldgebietes um Darmstadt große Verdienste erworben. 1908 Geheimer Oberforstrat, 1913 pensioniert. Noch im Ruhestand führte er die Verwaltung des Holzhofs in Darmstadt.

Prinz-Heinrich-Eiche

Standort: *Am Waldeingang Roßdörfer Straße, gleich links am Zaun des Botanischen Gartens (25/77). Forstabteilung: Forstamt Darmstadt, TH-Wald. Durchmesser: 1,33 m; Umfang: 4,17 m; Höhe: 27 m; Alter: ca. 400 Jahre.*
Namenspate: *Prinz Heinrich von Hessen (1838–1900).*

Sohn des Prinzen Carl von Hessen und der Prinzessin Elisabeth, geb. Prinzessin von Preußen; Bruder des Großherzogs Ludwig IV.; 1854 Leutnant beim Leibgarderegiment, 1856/57 Studium in Göttingen und Gießen, 1859 Hauptmann im preußischen Militärdienst, 1879–1887 Führer der Hessischen Division. Hessischer und Preußischer General. Prinz Heinrich war zweimal morganatisch verheiratet.

Herdereiche

Herdereiche

Standort: *Auf dem Herrgottsberg (23/76). Forstabteilung: Forstamt Darmstadt 27. Durchmesser: 1,11 m; Umfang: 3,20 m; Höhe: 30 m; Alter: ca. 280 Jahre.*
Namenspate: *Johann Gottfried Herder (1744 in Mohrungen/Ostpreußen – 1803 in Weimar).*

Theologe, Dichter und Philosoph und einer der großen Anreger der deutschen Geistesgeschichte; Anhänger von Rousseau, Schüler Immanuel Kants, kam als Informator und Reiseprediger des Erbprinzen Peter Friedrich Wilhelm von Holstein-Eutin im Jahre 1770 nach Darmstadt (die Mutter des Prinzen war eine Verwandte des hessischen Fürstenhauses).

Hier fand Herder im Kriegsrat Johann Heinrich Merck einen Freund und in Caroline Flachsland seine zukünftige Frau. In Straßburg lernte Herder Goethe kennen, durch dessen Vermittlung er später als Hofprediger nach Weimar berufen wurde. In Darmstadt gehörten Herder und seine Braut zum „Kreis der Empfindsamen", die sich mit Goethe häufig an dem großen Felsen auf dem Herrgottsberg trafen.

Karl-Hesse-Eiche

Standort: *In der Nähe des ehemaligen Forsthauses Kalkofen bei Arheilgen, südlich der Hanauer Straße im Waldbestand (32/78). Forstabteilung: Forstamt Darmstadt 679. Durchmesser: 1,56 m; Umfang: 4,90 m; Höhe: 33 m; Alter: ca. 350 Jahre.*
Namenspate: *Karl Hesse (1882–1967).*

Nach Besuch des Gymnasiums in Mainz Studium der Forstwissenschaft, 1904 Fachprüfung, 1908 Zweite Prüfung, 1920 Oberförster und Leiter des Forstamtes Darmstadt. Im gleichen Jahr als Ministerialamtmann in das Hess. Ministerium der Finanzen versetzt. Den Titel Oberförster behielt Hesse bei. 1921 mit dem Titel Forstrat „ständiger Hilfsarbeiter" im Ministerium der Finanzen, Abteilung Forst- und Kameralverwaltung. 1924 Vortragender

Hesseeiche

Rat (Oberforstrat) im Finanzministerium. 1925 Staatsrat und Vorsitzender der Abteilung für Forst- und Kameralverwaltung, zugleich mit dem Titel Landesforstmeister; 1938 Dr. h. c.

Karl Hesse war ein eifriger Förderer der Vogelforschung und des Vogelschutzes; er war Gründer der Vogelschutzwarte Frankfurt/Main. Ebenso war er lange Jahre Vorsitzender des Odenwaldklubs und Präsident des Deutschen Forstvereins.

Carl-Heyer-Eiche

Standort: *Kreuzung Katzenschneise/Woogsbergschneise (26/79). Forstabteilung: Forstamt Darmstadt 94. Durchmesser: 1,38 m; Umfang: 4,33 m; Höhe: 39 m; Alter: ca. 330 Jahre.*
Namenspate: *Carl Heyer (1797-1856).*

Nach Besuch des Gymnasiums in Darmstadt Forstlehrling bei seinem Vater Wilhelm Heyer, der Forstmeister auf dem Bessunger Forsthaus bei Darmstadt an der Landstraße nach Roßdorf war. Anschließend Studium der Forstwissenschaft in Gießen und Tharandt bei Dresden, wo im 19. Jahrhundert eine Forstakademie bestand. 1825 Lehrer an der damals neugegründeten Forstlehranstalt in Gießen. Seit 1829 Forstinspektor, 1831 Forstmeister im Dienst der Grafen von Erbach-Fürstenau in Michelstadt. Seit 1835 Professor der Forstwissenschaft in Gießen. Heyer gilt als einer der ausgezeichnetsten Forstmänner des 19. Jahrhunderts.

Seine Formel zur Ermittlung des Nachhalt-Hiebssatzes (forstwirtschaftl. Fachausdruck) findet noch heute Anwendung.

Eduard-Heyer-Eiche

Standort: *Am Fußpfad nach Mühltal-Trautheim, wenige Schritte südlich der Lochschneise (22/77). Forstabteilung: Forstamt Seeheim-Jugenheim 239 b. Durchmesser: 1,31 m; Umfang: 4,10 m; Höhe: 27 m; Alter: ca. 350 Jahre.*
Namenspate: *Eduard Heyer (1819–1898).*

Nach Besuch des Gymnasiums in Darmstadt Studium der Forstwissenschaft in Gießen. Zunächst Oberförster in Nieder-Eschbach, seit 1857 in Gießen, wo er zugleich zweiter akademischer Lehrer der Forstwissenschaft war. 1872 Forstmeister in Dieburg, dann in Lorsch. Seit 1892 im Ruhestand mit dem Titel Oberforstmeister.

Wilhelm-Heyer-Eiche

Standort: *Am Unteren Pürschweg – Oberjägermeistersteich (24/79). Forstabteilung: Forstamt Seeheim-Jugenheim 237a. Durchmesser: 0,95 m; Umfang: 2,97 m; Höhe: 27 m; Alter: ca. 250 Jahre.*
Namenspate: *Wilhelm Heyer (1759–1815).*

Geboren zu Biedenkopf hat sich Wilhelm Heyer vom gelernten Jägerburschen bis zum Forstmeister auf dem Bessunger Forsthaus emporgearbeitet. Er hat dort eine forstliche Meisterschule gegründet, aus der viele tüchtige Forstleute hervorgingen. Seine Schüler mußten neben der theoretischen Ausbildung alle forstwirtschaftlichen Arbeiten im Wald selbst ausführen. Unter seiner Leitung sollen die jetzt nur noch teilweise vorhandenen großen Fichten in der Hanumschneise nahe dem Ludwigstempel gepflanzt worden sein. Die Eiche am Oberjägermeistersteich wurde Heyer an Stelle eines früheren, am Eisenweg stehenden und in sich zusammengebrochenen Baumes gewidmet.

Ernst-Holtzmann-Eiche

Standort: *An der Bernhardsackerschneise zwischen Straße nach Dieburg und Rotsuhlweg (28/79). Forstabteilung: Forstamt Darmstadt 608. Durchmesser: 1,40 m; Umfang: 4,39 m; Höhe: 29 m; Alter: ca. 400 Jahre.*
Namenspate: *Ernst Holtzmann (geb. 1902).*

Nach Besuch des Gymnasiums in Gießen Studium der Rechte in Gießen und München. Dr. jur. im Jahre 1930. Seit 1928 im Dienst der Stadt Darmstadt: 1948 Stadtrechtsrat und Mitglied des Magistrats, 1962 bis zur Pensionierung 1967 Bürgermeister der Stadt Darmstadt, 1954–1966 Mitglied des Hessischen Landtags, 1955–1973 Mitglied der Landessynode der Evangelischen Kirche in Hessen und Nassau. Gründungsmitglied und Vorsitzender der Dante-Alighieri-Gesellschaft in Darmstadt, Vorsitzender des Fürsorgevereins für Körperbehinderte e.V. Darmstadt, Vorsitzender des Hessischen Diakonievereins. 1966–1980 Vorsitzender und seit 1980 Ehrenvorsitzender des Kreisverbandes Darmstadt der Schutzgemeinschaft Deutscher Wald und Ehrenmitglied des Kuratoriums des Landesverbandes Hessen der Schutzgemeinschaft Deutscher Wald. Umfangreiche literarische Tätigkeit.

Auszeichnungen: Großes Verdienstkreuz der Bundesrepublik Deutschland, Silberne Verdienstplakette der Stadt Darmstadt, Goldene Verdienstmünze der Stadt Alkmaar, Silberne Ehrenplakette des Hessischen Ministers für Landesentwicklung, Landwirtschaft und Forsten, Cavaliere Uffiziale nell'Ordine al merito della Republica Italiana.

Ernst Holtzmann hat sich nicht nur während seiner Tätigkeit im Dienst der Stadt Darmstadt, wozu auch das Referat Naturschutz gehörte, sondern auch durch seine langjährige aktive Mitgliedschaft in der Schutzgemeinschaft Deutscher Wald große Verdienste erworben.

Seine Liebe zu den Wäldern um Darmstadt ist auch dokumentiert in seinen 1986 (mit Texten von Carlo Schneider) in einem Büchlein veröffentlichten Zeichnungen „Darmstädter Waldbrünnchen“.

Ernst-Holtzmann-Eiche

Hundeshageneiche

Standort: *Zwischen Katzenschneise, Bernhardsackerschneise und Scheftheimer Wiesen (26/80). Forstabteilung: Forstamt Darmstadt 91. Durchmesser: 1,62 m; Umfang: 5,10 m; Höhe: 35 m; Alter: ca. 450 Jahre.*
Namenspate: *Johann Christian Hundeshagen (1783–1834).*

Nach Schulbesuch in seinem Geburtsort Hanau und Studium der Forstwissenschaft trat Hundeshagen 1806 in hessische Dienste. 1818 wurde er Professor der Forstwissenschaft in Tübingen, 1821 Forstmeister und Direktor der Forstlehranstalt in Fulda, 1824 Oberforstrat in Gießen. Das Amt eines Direktors der dann auf seine Anregung mit der Gießener Universität verbundenen Forstlehranstalt gab Hundeshagen 1831 auf und lehrte an der Universität. Im Jahre 1898 wurde in Fulda ein Hundeshagen-Denkmal enthüllt.

Kaminskyeiche

Standort: *Jägermeisterweg, Nähe Speierhügelschneise (28/79). Forstabteilung: Forstamt Darmstadt 119. Durchmesser: 1,14 m; Umfang: 3,60 m; Höhe: 29 m; Alter: ca. 280 Jahre.*
Namenspate: *Friedrich Wilhelm Kaminsky (1857–1943).*

Nach Besuch einer Internatsschule in Pfungstadt und der Realschule in Darmstadt begann er sein Berufsleben in der Zigarrenfabrik des Vaters in Pfungstadt. Es folgten Lehr- und Wanderjahre als Kaufmann nach Hamburg und Berlin. Seit 1880 wohnte Kaminsky in Darmstadt und führte hier ein Zigarrengeschäft, das er 1912 aufgab. Er wurde dann Buchhalter in großen Darmstädter Firmen. Seine Bedeutung liegt aber nicht im „Beruf", sondern in seiner schriftstellerischen Tätigkeit als Mundartdichter und Verfasser von Wanderführern in die Umgebung Darmstadts. Es liegen mehrere Bändchen mit Lokalgeschichten sowie einige Karnevalslieder vor (Kaminsky war im Elferrat der Karnevalsgesellschaft „Narrhalla" in Darmstadt und deren Ehrenmitglied).

Wanderführer erschienen 1908 und 1931. Außerdem schrieb Kaminsky für die Presse Wandervorschläge durch den Darmstädter Wald. Die Eiche am Jägermeisterweg wurde ihm noch zu Lebzeiten, an seinem 70. Geburtstag am 25. April 1927, unter großer Anteilnahme der Darmstädter geweiht.

Klappacheiche

Standort: *Im Feld zwischen Klappacher Straße und Flachsbachweg, umgeben von einer eindrucksvollen Granitfelsengruppe (23/75). Durchmesser: 1,31 m; Umfang: 4,10 m; Höhe: 30 m; Alter: ca. 400 Jahre.*
Namenspate: *Dorf Klappach.*

Ehemaliges Dorf Klappach, bereits 1209 erwähnt, aber wahrscheinlich schon vor dem Dreißigjährigen Krieg untergegangen. Die Erinnerung an dieses Dorf lebt weiter in dieser Eiche, der Klappacher Straße und einem Gedenkstein am Beginn des Lossenwegs.

Christian-Heinrich-Kleukens-Eiche

Standort: *An der Bundesstraße 449 gegenüber dem Gasthaus „Trautheim“, Mühltal-Trautheim (22/77). Forstabteilung: Forstamt Seeheim-Jugenheim 240. Durchmesser: 1,74 m; Umfang: 5,45 m; Höhe: 19 m; Alter: ca. 600 Jahre.*
Namenspate: *Christian Heinrich Kleukens (1880–1954).*

In Achim bei Bremen geboren, arbeitete Kleukens nach Abschluß seiner Schulausbildung in der gerade gegründeten Steglitzer Werkstatt, die sich die Aufgabe gestellt hatte, das Drucken wieder zur Kunst zu erheben. Der werdende Schriftkünstler war auch dichterisch tätig, weil für ihn die Schönheit des Druckbildes zugleich Vollkommenheit der Sprache ausdrücken sollte. Mit seinem älteren Bruder Friedrich Wilhelm Kleukens ging er anschließend an die Staatliche Akademie für Buchgewerbe und

Graphik in Leipzig. Schon damals stellte er mit selbstverfaßten Fabeln sein erstes selbständiges Druckwerk her.

Im Jahre 1907 wurde Christian Heinrich Kleukens als Drucker und literarischer Berater an die neu gegründete Ernst-Ludwig-Presse bei der Darmstädter Künstlerkolonie berufen, deren Leiter er 1914 wurde. Fast hundert Werke der Literatur, von den Psalmen bis zu den Dichtern der damaligen Zeit – Rainer Maria Rilke, Hugo von Hofmannsthal, Rudolf G. Binding – wurden hier gedruckt. Nach Rückkehr aus dem Ersten Weltkrieg gründete Christian Heinrich Kleukens mit Binding die Kleukens-Presse, deren Werkstatt sich im ehemaligen Gartenhaus des Hauses Hess in Trautheim, Straße am Trautheim, befand. 1927 wurde Kleukens als Leiter an die von der Stadt Mainz neu gegründete „Mainzer Presse" berufen. Hier sollte das für jeden Menschen erreichbare, typographisch vollkommene Buch hergestellt werden. In zehn Jahren erschienen auch 65 Drucke. Seine schon erwähnten Fabeln sind wiederholt im Druck erschienen.

1926 wurde Kleukens der Büchnerpreis verliehen; 1937 wurden auf der Pariser Weltausstellung die Ernst-Ludwig-Presse, die Kleukens-Presse und die Mainzer Presse mit je einer Goldmedaille ausgezeichnet; 1940 ehrte die Stadt Mainz den Druckkünstler mit der Gutenbergmedaille.

Christian-Heinrich-Kleukens-Eiche

Klipsteinseiche

Standort: *Am Fußweg nach Traisa (23/77). Forstabteilung: Forstamt Darmstadt 35. Durchmesser: 2,23 m; Umfang: 7,20 m; Höhe: 41 m; Alter: ca. 600 Jahre.*
Namenspate: *Philipp Engel von Klipstein (1777–1866).*

Sohn eines Oberförsters. Dr. phil. 1799 fürstlich Solms-Lichscher Oberförster, dann Forstmeister, zuerst in Hohensolms, dann in Lich. Dort gründete er eine Privatforstschule, die 22 Jahre lang bestand. 1823 Direktor der Oberforstdirektion in Darmstadt, 1835 in Anerkennung seiner Verdienste in den erblichen Adelsstand erhoben. Am 28. Mai 1846 wurde zur Feier seines fünfzigjährigen Dienstjubiläums die mehrhundertjährige Eiche am Traisaer Weg nach ihm benannt. Eine an ihr angebrachte Tafel trägt die Inschrift:

Dem Andenken an die Feier
50jährigen Wirkens
im Forstdienste
durch Ph. Engel von Klipstein
Großherzoglich Hessischen Oberforst-Direktor
des großen Hartig würdigen Schüler
geweiht am 28. Mai 1846
von
den Forstbeamten des Landes.

Von der Universität Gießen erhielt er am gleichen Tage das Ehrendoktorat. 1848 trat Klipstein in den Ruhestand. Auf seinen Wunsch wurde er vor der ihm gewidmeten Eiche in einem Waldgrab beigesetzt.

Philipp Engel von Klipstein hat sich um das hessische Forstwesen und auch durch schriftstellerische Leistungen verdient gemacht und galt lange Zeit hindurch als der Nestor des hessischen Forstwesens.

Klipsteineiche

Küchlereiche

Standort: *Am Waldpfad hinter der Schutzhütte am Grünen Teich an der Katzenschneise in der Nähe des Küchlerbrunnens (26/79). Forstabteilung: Forstamt Darmstadt 89. Durchmesser: 1,28 m; Umfang: 4,03 m; Höhe: 36 m; Alter: ca. 400 Jahre.*
Namenspate: *Wilhelm Küchler (1846–1900).*

Nach Schulbesuch und Studium der Rechte 1877 Assessor beim Kreisamt Friedberg, seit 2. Mai 1882 Bürgermeister der Stadt Worms, um die er sich große Verdienste erworben hat und deren Ehrenbürger er wurde. Am 6. Mai 1898 wurde Küchler als Leiter des Hessischen Finanzministeriums nach Darmstadt berufen, seit 25. November 1898 war er hessischer Finanzminister. Er galt als Finanzpolitiker ersten Ranges. Seine besonderen Verdienste waren die Durchführung einer umfassenden Steuerreform, die Einführung der einjährigen Budgetperiode und die Einrichtung einer Betriebskrankenkasse für die Beschäftigten im Finanzministerium.

Landgräfin-Carolinen-Eiche

Standort: *Am unteren Stockschlagweg, unweit des Dianateichs (31/78). Forstabteilung: Forstamt Darmstadt 678. Durchmesser: 1,24 m; Umfang: 3,90; Höhe: 37 m; Alter: ca. 300 Jahre.*
Namenspatin: *Landgräfin Caroline von Hessen (1721–1774).*

Als Gräfin von Pfalz-Zweibrücken verbrachte sie ihre Jugendjahre in Buchsweiler (Elsaß). Am 12. August 1744 Heirat mit dem Erbprinzen, späterem Landgrafen Ludwig IX. von Hessen-Darmstadt. Während Ludwig fast seine ganze Regierungszeit in seiner Soldatenresidenz Pirmasens verbringt, hält Caroline in Darmstadt hof. Sie tut dies mit großer Pflichterfüllung und Umsicht. Dabei ist zu bedenken, daß die Verwaltungs- und Finanzverhältnisse im Lande recht schwierig gewesen sind. In der Person des hessen-darmstädtischen Staatsreformers, Kanzlers und Präsidenten Friedrich Carl von Moser hatte Caroline

Landgräfin–Carolinen–Eiche

einen tüchtigen Ratgeber, der sich allerdings auf die Dauer trotz aller ihm zukommenden Verdienste dem Landgrafen und der hessischen Bürokratie gegenüber nicht durchzusetzen vermochte.

Caroline war geistig ihrer Zeit voraus, wofür auch ihre Privatbibliothek Zeugnis ablegt. Sie war der strahlende Mittelpunkt eines Kreises erlauchter Geister, dem zeitweilig auch der junge Goethe angehörte.

1773 unternahm die „Große Landgräfin" eine äußerst beschwerliche Reise nach Rußland, um ihre Tochter Wilhelmine mit dem zukünftigen Zaren zu verheiraten. Ihr Plan hatte Erfolg, und Wilhelmine wurde nach Übertritt zum orthodoxen Glauben als Großfürstin Natalie tatsächlich mit dem Großfürsten Paul verheiratet. Die Hochzeit wurde mit alles überbietendem Glanz gefeiert.

Schon in Rußland hatte sich Carolinens Gesundheitszustand verschlechtert, aber sie kam schließlich noch vor Weihnachten 1773 nach Darmstadt zurück. Die Spannkraft der geradezu sportlichen Landgräfin war gebrochen. Am 30. März 1774 ist sie im Alter von 53 Jahren gestorben.

Ihre Grabstätte im Darmstädter Herrngarten hatte sie sich selbst gewählt. König Friedrich II. von Preußen stiftete die Urne über ihrer Ruhestätte mit der Inschrift „Femina sexu, ingenio vir" (Vom Geschlecht eine Frau, von Geist ein Mann).

Caroline war wohl die bedeutendste Fürstin auf dem hessischen Thron.

Landgrafeneiche

Standort: *Kreuzung Unterer Stockschlagweg/Speierhügelschneise (31/79). Forstabteilung: Forstamt Darmstadt 678. Durchmesser: 1,74 m; Umfang: 5,45 m; Höhe: 24 m; Alter: ca. 500 Jahre.*
Namenspate: *Landgraf Ludwig VIII. (1691–1768).*

Ludwig VIII. war der große Jäger unter den hessen-darmstädtischen Landgrafen. Mehr als in seiner Residenz Darmstadt hielt er sich im Jagdschloß Kranichstein auf, das noch viele jagdliche Erinnerungsstücke an ihn birgt. Seine Leidenschaft war die Parforcejagd, eine Hetzjagd mit vielen berittenen Jägern und Hundemeute, die zwar bei den Jägern beliebt, aber bei den Bauern, deren Äcker und Weiden dabei verwüstet wurden, gefürchtet war. Ludwig VIII. war habsburgisch gesinnt und ein Verehrer der Kaiserin Maria Theresia, die ihn ebenfalls sehr schätzte. Sie ernannte den Landgrafen im Jahre 1741 zum österreichischen Generalfeldmarschall. Unter Ludwigs Regierung kamen die linksrheinischen Gebiete der Grafschaft Hanau-Lichtenberg an Hessen.

Liebigeiche

Standort: *An der Katzenschneise am Grünen Teich (26/79). Forstabteilung: Forstamt Darmstadt 93. Durchmesser: 1,43 m; Umfang: 4,50 m; Höhe: 35 m; Alter: ca. 330 Jahre.*
Namenspate: *Johann Justus von Liebig (1803–1873).*

Nach Besuch des Darmstädter Gymnasiums, von dem Liebig verwiesen wurde, und Lehrzeit als Apotheker in Heppenheim, die dann bald wegen einer von ihm verursachten Explosion ebenfalls vorzeitig beendet wurde, erfolgte Studium mit Stipendium Großherzogs Ludewig I., zunächst in Bonn, dann in Erlangen, schließlich in Paris. 1824 Ernennung zum Professor der Chemie an der Universität Gießen, die heute seinen Namen trägt. 1845 wird Liebig mit Wappen und Freiherrnstand geadelt. 1852 geht er nach München, wo er 1873 starb.

Liebig war wohl der bedeutendste Chemiker des 19. Jahrhunderts, entdeckte das Chloroform und war der Begründer der modernen Agrikulturchemie. Auch ist Liebig der Erfinder des nach ihm benannten Fleischextrakts. Als Mensch muß Liebig von außerordentlicher Wirkung gewesen sein.

Loreybuche

Standort: *Zwischen Altem Traisaer Weg und Paul-Trinkglas-Weg, Nähe Eisenbahnbrücke bei Trautheim (23/77). Forstabteilung: Forstamt Darmstadt 33. Durchmesser: 1,09 m; Umfang: 3,43 m; Höhe: 45 m; Alter: ca. 300 Jahre.*
Namenspate: *Tuisko Lorey (1845–1901).*

Als Sohn des späteren Direktors des Realgymnasiums ist Tuisko Lorey in Darmstadt geboren. Er besuchte dort zunächst die private Lehranstalt von Heinrich Schmitz, sodann das Gymnasium. Nach Abschluß der Schulzeit als Primus seiner Klasse studierte Lorey in Gießen Forstwissenschaft. 1873 wurde er nach mehrfacher Verwendung im Forstdienst als Nachfolger Eduard Heyers Professor der Forstwissenschaft in Gießen. Seit 1878 lehrte er an der Landwirtschaftlichen Akademie in Hohenheim und seit 1881 in Tübingen, nachdem der forstliche Unterricht dorthin verlegt worden war. Hier entfaltete Lorey eine reiche literarische Tätigkeit. Daneben widmete er sich noch der Musik und der Malerei. Berufungen nach Zürich 1882 und München 1883 hat Lorey abgelehnt. Mit einer württembergischen Ordensauszeichnung wurde ihm der persönliche Adel verliehen, und er wurde von der Staatswissenschaftlichen Fakultät der Universität Tübingen zum Dr. h. c. ernannt. Von 1878 bis 1901 war er Schriftleiter der „Allgemeinen Forst- und Jagdzeitung". 1901 ist Tuisko Lorey, dem die Forstwissenschaft viel verdankt, verstorben.

Liebigeiche

Ludwigseiche

Standort: *Nahe dem Waldausgang der Alten Ober-Ramstädter Straße am Kuhfalltor in unmittelbarer Nähe eines 1945 zerstörten Jagdpavillons (23/80). Forstabteilung: Forstamt Seeheim-Jugenheim 204. Durchmesser: 0,81 m; Umfang: 2,53 m; Höhe: 26 m; Alter: ca. 200 Jahre.*
Namenspate: *Großherzog Ludwig III. von Hessen und bei Rhein (1806–1877).*

Ludwig III. hatte 1837 hier einen Jagdpavillon, ein „Belvedere“, mit einer großartigen Rundsicht vom Umgang im ersten Stock errichten lassen. Der Platz um die Ludwigseiche ist Fundort mehrerer vorgeschichtlicher Grabstätten, also offensichtlich ein seit Urzeiten bekannter und bedeutender Ort.

Maria-Theresia-Eiche

Standort: *Am Schirmweg, nördlich der Kernschneise, nahe der Hengstriedwiese (30/79). Forstabteilung: Forstamt Darmstadt 633. Durchmesser: 1,57 m; Umfang: 4,93 m; Höhe: 33 m; Alter: ca. 400 Jahre.*
Namenspatin: *Maria Theresia, Kaiserin von Österreich, Königin von Ungarn und Böhmen (1717–1780).*

Als Nachfolgerin ihres Vaters Kaiser Karl VI. hat Maria Theresia im Jahre 1740 den Thron der österreichischen Erblande bestiegen. Noch im gleichen Jahr nahm sie ihren Gatten Franz Stephan aus dem Hause Lothringen zum Mitregenten an, der dann 1745 als Franz I. zum römisch-deutschen Kaiser gewählt wurde. Maria Theresia trat ihre Herrschaft unter schwierigen Umständen an. Die Thronfolge wurde ihr streitig gemacht, die Staatsfinanzen waren zerrüttet, das Heer unzureichend und das europäische Ausland glaubte, Gebietsansprüche durchsetzen zu können. Österreich hatte während der Regierungszeit Maria Theresias lange Kriegszeiten mit Verlusten durchzustehen, von denen der 1748 beendete Erbfolgekrieg und besonders der mit

ludwigseiche

Preußen unter König Friedrich II. geführte Siebenjährige Krieg um Schlesien zu nennen sind. In ihren Staatsdienern, besonders dem Staatskanzler Fürsten Kaunitz, hatte die Kaiserin kluge und tatkräftige Ratgeber. Im Innern des Landes führte sie vorsichtige und langsame Reformen durch. Ihr Hauptbestreben ging dahin, die Verwaltung zu bessern und die Staatsmacht zugleich im Sinne der Einheit des Reiches zu stärken, wobei Ungarn und den italienischen Provinzen des Reiches eine besondere Verwaltung belassen wurde. Die Armee wurde vermehrt und außerordentliche Rechte des Klerus eingeschränkt oder aufgehoben. Die allgemeine Volksschule wurde begründet und das Unterrichtswesen neu geordnet. Die Rechtspflege wurde verbessert, Folter und Leibeigenschaft abgeschafft. Auch wurden Waisenhäuser und Spitäler errichtet.

Maria Theresia führte neben ihren schweren Aufgaben als Kaiserin ein glückliches Familienleben und war ihren Kindern eine vorbildliche Mutter.

Die Widmung einer Eiche im Wildpark Kranichstein gründet sich auf die freundschaftlich-engen Beziehungen des österreichischen Kaiserpaares, insbesondere Maria Theresias, zu Landgraf Ludwig VIII., der seit 1741 den Titel eines österreichischen Generalfeldmarschalls tragen und noch im März 1764 im Alter von 73 Jahren nach der Kaiserkrönung Joseph II. in Frankfurt/Main mit Franz I. im Wald bei Heusenstamm zusammentreffen durfte. Beide erinnerten sich des Tages, als der Landgraf das Dekret der Kurfürsten, das Franz zum Kaiser erwählte, nach Heidelberg überbrachte.

Johann-Heinrich-Merck-Eiche

Standort: *Im Bestand zwischen Böllenfalltorweg und Atzwinkelweg, nahe Waldrand zur Vorderwiese (24/77). Forstabteilung: Forstamt Darmstadt 41. Durchmesser: 1,10 m; Umfang: 3,20 m; Höhe: 28 m; Alter: ca. 300 Jahre.*
Namenspate: *Johann Heinrich Merck (1741–1791).*

Entstammt der bekannten Apothekerfamilie Merck. Schüler des Darmstädter Pädagogs, Studium der Theologie in Gießen und Erlangen, Ausbildung an der Maler- und Zeichenakademie in Dresden. Während eines längeren Aufenthaltes in der Schweiz Heirat mit Luise Franziska Charbonnier; 1767 Sekretär bei der Geheimen Staatskanzlei, 1768 Kriegszahlmeister, 1774 Kriegsrat in Darmstadt. Daneben Redakteur und Kritiker, Schriftsteller und Verleger, Maler und Zeichner. Läßt das Schauspiel „Götz von Berlichingen" seines acht Jahre jüngeren Freundes Johann Wolfgang Goethe drucken und verhilft ihm dadurch zu seinem ersten literarischen Ruhm. Gehörte zum „Kreis der Empfindsamen", der sich um die Landgräfin Caroline geschart hatte und mit dem auch Herder, Lavater, Wieland und andere in freundschaftlicher Verbindung standen. Nach dem Tode der Landgräfin widmete sich Merck (wie später auch Goethe) naturwissenschaftlichen Studien, aber auch gewagten industriellen Unternehmungen. In Paris begeisterte er sich für die Französische Revolution. Sein Leben beendete er in Darmstadt freiwillig.

Der Sohn seiner Tochter Adelheid und des Apothekers Johann Anton Merck, Heinrich Emanuel Merck, ist der Gründer der weltbekannten Darmstädter Chemischen Fabrik E. Merck.

Die Widmung der heutigen Johann-Heinrich-Merck-Eiche erfolgte an Stelle eines viel älteren Baumes am Waldeingang Böllenfalltor, der wegen Überalterung und Verkehrsgefährdung an der Bundesstraße 449 beseitigt werde mußte.

Mornewegeiche

Standort: *Kreuzung Höllschneise und Brunnersweg (27/80). Forstabteilung: Forstamt Darmstadt 132. Durchmesser: 1,38 m; Umfang: 4,34 m; Höhe: 32 m; Alter: ca. 350 Jahre.*
Namenspate: *Adolf Morneweg (1851–1909).*

Nach Schulbesuch in Darmstadt und Studium 1878 Kreisassessor in Schotten (Oberhessen), 1891 Kreisamtmann in Bensheim, 1889 Vorstand des Polizeiamts Darmstadt, 1891 Bürgermeister und 1892–1909 Oberbürgermeister der Stadt Darmstadt.

Adolf Morneweg setzte sich tatkräftig für den Ausbau der Stadt Darmstadt in kultureller und in wirtschaftlicher Beziehung ein. In seine Amtszeit fällt die Gründung und der Aufbau der Künstlerkolonie auf der Mathildenhöhe durch Großherzog Ernst Ludwig und die große Jugendstilausstellung „Ein Dokument deutscher Kunst“ 1901.

Muhleiche

Standort: *Südlich der Hanauer Straße, östlich der Gundlachschneise, nahe der Karl-Hesse-Eiche (32/78). Forstabteilung: Forstamt Darmstadt 679. Durchmesser: 1,35 m; Umfang: 3,75 m; Höhe: 32 m; Alter: ca. 300 Jahre.*
Namenspate: *Ferdinand Muhl (1829–1897).*

Besuch des Gymnasiums und Studium der Forstwissenschaft in Gießen, 1855 Forstmeister in Graz (Österreich), 1859 Forstmeister auf Forsthaus Mönchbruch (Landkreis Groß-Gerau), 1859 in Bessungen, 1882 in Nidda (Oberhessen), gleichzeitig Badekommissär in Bad Salzhausen, 1883 Forstmeister in Groß-Gerau, 1889 Forstmeister in Darmstadt und Vorstand des Hofjagdamts mit dem Titel Jägermeister, 1893 Ministerialrat und Vorsitzender der Abteilung für Forst- und Kameralverwaltung, 1897 Versetzung in den Ruhestand und Geheimer Rat. Von 1882 bis zu seinem Tod 1897 Vorsitzender des Hessischen Forstvereins. Ferdinand Muhl hat sich um das Forstwesen in Hessen große Verdienste erworben.

Niebergalleiche

Standort: *Am Nordhang des Herrgottsbergs an der Alten Bogenschneise, nahe Böllenfalltor (23/76). Forstabteilung: Forstamt Darmstadt 27. Durchmesser: 0,96 m; Umfang: 3,03 m; Höhe: 27 m; Alter: ca. 250 Jahre.*
Namenspate: *Ernst Elias Niebergall (1815–1843).*

Nach Besuch des Pädagogs in Darmstadt Studium der Theologie in Gießen, aber nicht zum Examen zugelassen, weil eine politische Untersuchung gegen Niebergall schwebte. 1835 Hauslehrer in Dieburg. 1837 von den Anschuldigungen freigesprochen, sodann 1839 Fakultätsprüfung in Gießen. Nach Übersiedlung in die Heimatstadt Darmstadt Lehrer an der Schmitz'schen Privatschule. Schon 1843 starb Niebergall im Alter von 28 Jahren an einer schweren Krankheit. Er ist der Verfasser der Mundartkomödien „Des Burschen Heimkehr oder: Der tolle Hund" und „Der Datterich", letzteres wohl unzweifelhaft eines der besten deutschen Volksstücke.

Die originale Grabstätte Niebergalls auf dem Alten Friedhof an der Nieder-Ramstädter Straße in Darmstadt wurde leider unbegreiflicherweise im vorigen Jahrhundert eingeebnet, so daß dort heute nur ein Gedenkstein an ihn erinnert.

Ohlyeiche

Standort: *Nördlich des Heuwegs, westlich der Backofenschneise (25/77). Forstabteilung: Forstamt Darmstadt 65. Durchmesser: 1,21 m; Umfang: 3,80 m; Höhe: 31 m; Alter: ca. 280 Jahre.*
Namenspate: *Albrecht Ohly (1829–1891).*

Nach Besuch des Gymnasiums und Jurastudium in Gießen 1852 Referendar in Darmstadt, 1862 Hofgerichtsadvokat, 1870 erster Direktor der Darmstädter Volksbank. Seit 1871 Mitglied des Darmstädter Gemeinderats, 1874 Bürgermeister und seit 1879 Oberbürgermeister der Stadt Darmstadt. In Ohlys Amtszeit fallen wesentliche und vielfältige Entwicklungen und Neuerungen (Wasserwerk, Kanalisation, Gründung einer Schutzmannschaft, neue Schulhäuser, Eingemeindung von Bessungen, Erziehungsheim für verwahrloste Jugendliche in Gräfenhausen, Dampfstraßenbahn nach Griesheim und vieles andere). Ohly war Mitbegründer des Odenwaldklubs, der zu seinem Gedenken 1895 in Neunkirchen ein Denkmal (Bildhauer Ludwig Habich) und 1901 auf dem Felsberg den Ohlyturm errichten ließ.

Von-Ploennies-Eiche

Standort: *Brunnersweg zwischen Hirschköpfen und Oberwaldhaus, nahe Waldrand zum Oberfeld (27/78). Forstabteilung: Forstamt Darmstadt 109. Durchmesser: 1,30 m; Umfang: 4,10 m; Höhe: 31 m; Alter: ca. 350 Jahre.*
Namenspate: *Wilhelm von Ploennies (1828–1871).*

Nach Besuch des Gymnasiums in Darmstadt, 1844 Eintritt in das 2. Infanterieregiment in Darmstadt, 1847 Leutnant, 1852 Hauptmann, aber wegen eines körperlichen Leidens aus dem Militärdienst entlassen.

Verfaßte zahlreiche fachwissenschaftliche Schriften zur Waffenkunde. Bekannt ist noch sein unter dem Pseudonym Dr. med. Ludwig Siegrist erschienener Roman „Leben, Wirken und Ende weiland Seiner Exzellenz des Oberfürstlich Winkelkramschen Generals der Infanterie Freiherrn Leberecht vom Knopf“.

Reißeiche

Standort: *Fußweg hinter dem Grünen Teich zur Katzenschneise, im Bestand westlich des Küchlerbrunnens (26/79). Forstabteilung: Forstamt Darmstadt 88. Durchmesser: 1,39 m; Umfang: 4,39 m; Höhe: 42 m; Alter: ca. 330 Jahre.*
Namenspate: *Karl Christian Friedrich Reiß (1807–1890).*

Nach Schulbesuch und Studium der Forstwissenschaft in Gießen und abgelegter Staatsprüfung (auch in Staats- und Naturwissenschaften) und Erledigung schwieriger forstlicher Ordnungsaufgaben im Hessischen Hinterland seit 1837 Oberförster in Viernheim im Ried. Dort wie auch in seinen späteren Dienstbezirken entwickelte er das Waldfeldbauverfahren auf großer Fläche zur Vollkommenheit und begründete zahlreiche Bestände, die sich heute noch durch hohe Qualität auszeichnen. 1858 wurde Reiß als Forstmeister nach Groß-Gerau (Forsthaus Woogsdamm) versetzt. 1863 erfolgte eine weitere Versetzung nach Darmstadt, wo er einen großen Forstamtsbezirk im Odenwald und in der Rhein-Main-Ebene bis 1884 zu betreuen hatte. Gleichzeitig leitete er den Darmstädter Holzhof. Reiß war Ehrenbürger von Viernheim, erhielt vom Zaren den Roten Adlerorden 3. Klasse und wurde 1882 vom Großherzog mit dem Ritterkreuz 1. Klasse des Ludwigsordens ausgezeichnet.

Riedlingereiche

Standort: *Zwischen Oppermannswiesenschneise und Scheftheimer Wiesen, nahe der Kreuzung der Schneise mit dem Brunnersweg (27/78). Forstabteilung: Forstamt Darmstadt 107. Durchmesser: 1,60 m; Umfang: 5,05 m; Höhe: 26 m; Alter: ca. 500 Jahre.*
Namenspate: *Ludwig Riedlinger (1831–1911).*

Baumeister. 1879–1903 Beigeordneter der Stadt Darmstadt, dann bis zu seinem Tod Ehrenbeigeordneter.

Rotheeiche

Standort: *Zwischen Vivarium und Straße nach Roßdorf, am Kotelettpfad (25/77). Forstabteilung: Forstamt Darmstadt 66. Durchmesser: 1,60 m; Umfang: 5 m; Höhe: 29 m; Alter: ca. 400 Jahre.*
Namenspate: *Karl Rothe (1840–1906).*

Nach Besuch des Gymasiums in Darmstadt Studium in Gießen und Heidelberg. 1866 Ministerialsekretär im Ministerium in Darmstadt. Im Dezember 1870 begleitete Rothe den Staatsminister Reinhard Freiherrn von Dalwigk nach Versailles zu Verhandlungen mit Bismarck über die Verfassung des neuen Deutschen Reiches und erlebte dort am 18. Januar 1871 die Kaiserproklamation mit. 1876 Legationsrat, 1881 Regierungsrat und im selben Jahr Kreisrat des Kreises Offenbach, 1891 Provinzialdirektor der Provinz Rheinhessen in Mainz, 1898 Hessischer Staatsminister des Äußeren und des Inneren, ein Amt, das Rothe liberal und sozial denkend führte. Eine Reihe fortschrittlicher Gesetze und Maßnahmen entstanden unter seiner Leitung. Am 29. Januar 1906 erlag Rothe einer schweren Krankheit.

Scheftheimer Eiche

Standort: *Im Winkel der Scheftheimer Wiesen an der Kreuzung Brunnersweg/Steinsnickelweg/Teichschneise, freistehend in der Wiese (27/80). Forstabteilung: Forstamt Darmstadt 133. Durchmesser: 1,19 m; Umfang: 3,74 m; Höhe: 27 m; Alter: ca. 250 Jahre.*
Namenspate: *Scheftheim.*

Scheftheim = Schefttum, ein Falltorhaus im Oberwald, das an dieser Stelle stand und in dem ein Forstbediensteter wohnte. Der jetzt hier stehende schöne Baum dürfte an Stelle einer älteren, nicht mehr vorhandenen mächtigen Eiche neu bezeichnet worden sein. Ob es aber in dem dortigen Bereich vielleicht doch eine Siedlung mit Namen Scheftheim gegeben hatte, konnte von der Forschung bisher nicht eindeutig beantwortet werden.

84
Scheftheimer Eiche

Schinderhanneseiche

Standort: *Zwischen Hasenfalltorschneise und der Straße Ober-Ramstadt–Roßdorf im Forstort Rinkenbusch (23/81). Forstabteilung: Forstamt Seeheim-Jugenheim 206b. Durchmesser: 1,13 m; Umfang: 3,54 m; Höhe: 29 m; Alter: ca. 350–400 Jahre.*
Namenspate: *Schinderhannes, mit bürgerlichem Namen Johannes Bückler (1777 oder 1783–1803).*

Geboren in Miehlen bei Nastätten im Taunus als Sohn eines Scharfrichters, Henkers und Abdeckers. Daher rührt wohl auch sein später volkstümlich gewordener Name „Schinderhannes". Aus nach damaliger Auffassung als „unehrlich" geltendem Bevölkerungskreis stammend, sammelte Johannes Bückler schon mit siebzehn Jahren eine Bande um sich und überfiel kleine Dorfläden, reisende Händler und einsame Gehöfte. Sein „Hauptjagdgebiet" waren der Hunsrück und der Soonwald. Es ist zu bedenken, daß in den kriegerischen Zeiten um die Wende vom 18. zum 19. Jahrhundert in diesen Gegenden keinerlei Ordnungsgefüge mehr bestand. Das althergebrachte Regiment war zerbrochen, ein neues noch nicht vorhanden. Es gab niemanden, der in dem von wenigen Straßen durchzogenen Hunsrück für Recht und Ordnung hätte sorgen können. Erst nach 1801 entstand linksrheinisch unter französischer Herrschaft wieder Ordnung. Johannes Bückler erschien es im Jahre 1802 besser, auf das ihm schon bekannte rechtsrheinische Gebiet überzuwechseln. Wahrscheinlich wäre er hier untergetaucht, wenn ihn nicht ein ehemaliger Krimineller in Limburg erkannt und an die Behörde verraten hätte.

So wurde er verhaftet, nach Mainz gebracht und dort am 21. November 1803 in jungen Jahren hingerichtet. Er soll bis zur letzten Stunde Haltung bewahrt haben. Mit der Zeit wurde Bückler als der „Schinderhannes" fast zur sagenhaften Figur.

Wie aber und wann die Eiche im Wald bei Ober-Ramstadt seinen Namen erhielt, ist nicht mehr festzustellen. Fest steht nur, daß der Baum seit Jahrzehnten als „Schinderhanneseiche" in den Ortschaften des Umkreises sehr wohl bekannt ist.

Schleiermachereiche

Standort: *Am Fußweg hinter dem Grünen Teich an der Katzenschneise (26/79). Forstabteilung: Forstamt Darmstadt 89. Durchmesser: 1,24 m; Umfang: 3,90 m; Höhe: 34 m; Alter: ca. 300 Jahre.*
Namenspate: *August Heinrich Schleiermacher (1816–1892).*

Nach Schulbesuch in Darmstadt Studium in Gießen und Heidelberg. 1837 bei der Oberbaudirektion, 1839 bei der Oberfinanzkammer, nach Staatsprüfung im Finanz- und technischen Fach 1840 zwei Jahre auf Reisen. Schon 1847 am mineralogischen Kabinett und der Kupferstichsammlung des Museums verwendet, dessen Direktor er im Nebenamt von 1860 bis zu seinem Tod war. 1867–1874 Präsident des Landesgewerbevereins. 1873 Direktor, später Präsident des Finanzministeriums.

Zugleich hält der Baum die Erinnerung an mehrere bedeutende Glieder der Familie Schleiermacher wach:
Ernst Christian Schleiermacher (1755–1844), Kabinettssekretär in Darmstadt.
Ludwig Schleiermacher (1785–1844), Oberbaudirektor in Darmstadt.
Andreas August Ernst Schleiermacher (1787–1853), 1811 Hofbibliothekar, 1830 Kabinettssekretär, 1844 Direktor des Museums in Darmstadt.

Uhrichbuche

Standort: *Am Ludwigsweg unweit des Ludwigsbrunnens (21/76). Forstabteilung: Forstamt Seeheim-Jugenheim 247. Durchmesser: 1,28 m; Umfang: 4,02 m; Höhe: 33 m; Alter: ca. 380 Jahre.*
Namenspate: *Karl Uhrich (1828–1904).*

Nach Besuch des Gymnasiums in Hanau studierte Karl Uhrich in Gießen Forstwissenschaft. Nach Abschluß seiner Studien fand er zunächst Verwendung im Dienst der Grafen von Stolberg-Wernigerode. In den Jahren 1859–1861 war er im hessischen Staatsdienst bei Vermessungen und Betriebsregulierungen tätig und von 1861–1865 Oberförster in Battenberg. Seit 1865 war er dann Forstmeister im Dienst der Fürsten von Isenburg-Büdingen. Seit 1889 im Ruhestand, ist Uhrig in Darmstadt 1904 gestorben. Er war viele Jahre zweiter Vorsitzender des hessischen Forstvereins und hat sich auch auf fachlichem Gebiet literarisch betätigt.

Gustav-Waldt-Eiche

Standort: *Am Papiermüllerweg, Waldausgang zum Mühltal (20/77). Forstabteilung: Forstamt Seeheim-Jugenheim 252a. Durchmesser: 1,22 m; Umfang: 3,83 m; Höhe: 23 m; Alter: ca. 350 Jahre.*
Namenspate: *Gustav Waldt (1883–1959).*

In Darmstadt geboren, studierte Gustav Waldt nach Besuch des Gymnasiums in Gießen und Heidelberg Germanistik, Geschichte, Kunstgeschichte und Philosophie. Anschließend war er im Schuldienst in Worms und Bad Nauheim tätig. 1934 gab Gustav Waldt den Schuldienst auf, weil er sich nicht dem damaligen Regime unterordnen, geschweige sich mit ihm identifizieren konnte. Es folgten Jahre völliger Zurückgezogenheit am Bodensee und im Odenwald, dann 1941 der Einzug in ein kleines Haus in Trautheim. Dieses Haus wurde in den folgenden Jahren ein Ausstrahlungsort hoher Geisteskultur und Begegnungsstätte vieler interessanter Menschen. Nach dem Zweiten Weltkrieg hat Gustav Waldt noch einmal für einige Zeit den Deutschunterricht an der damaligen Aufbauschule in Traisa übernommen. Zu seinen Lebenselementen gehörten die Wälder um den Lindenberg, den Bordenberg und den Prinzenberg. Als Dichter war er Mitglied des PEN-Zentrums der Bundesrepublik Deutschland, und er zählte Hermann Hesse, Ernst Kreuder, Hans Carossa und den Indienforscher H. H. von Veltheim-Ostrau zu seinen Freunden. Als Maler waren seine Themen die Landschaften des Odenwalds, des Taunus und Italiens. 1958 wurde er mit der Johann-Heinrich-Merck-Ehrung der Stadt Darmstadt ausgezeichnet. Sein literarischer Nachlaß befindet sich in der Hessischen Landes- und Hochschulbibliothek (u. a. das Epos „Laurin“, der Roman „Reise nach rückwärts“, die Elegie „Schloß Seeheim“).

Weberbuche

Standort: *An der Forstmeisterschneise vor deren Einmündung in den Schnampelweg an der Ruthsenwiese (23/78). Forstabteilung: Forstamt Darmstadt 48. Durchmesser: 0,69 m; Umfang: 2,16 m; Höhe: 28 m; Alter: ca. 200 Jahre.*
Namenspate: *August Weber (1829–1900).*

Die Weberbuche ist der zweite Baum dieses Namens, nachdem die erste, ein mächtiger Baum am Ruthsenwiesenweg, vor einigen Jahren gefällt werden mußte.

August Weber studierte nach Besuch des Gymnasiums in Darmstadt Jura, wurde 1858 Stadtgerichtsassessor in Darmstadt, 1869 Hofgerichtsrat, 1876 Ministerialrat, 1877 Vorsitzender der damals neugegründeten Abteilung für öffentliche Gesundheitspflege, im gleichen Jahr Präsident des Finanzministeriums, auch Mitglied des Bundesrates, 1890 Minister der Finanzen, 1899 Dr. med. e. h. der Universität Gießen. Unter seiner Leitung als Finanzminister Verstaatlichung der Hessischen Ludwigsbahn und Aufstellung einer Besoldungsordnung der hessischen Staatsbeamten. Weber war seit 1868 dreißig Jahre lang Vorsitzender des Hessischen Landesvereins vom Roten Kreuz.

Wedekindeiche

Standort: *Katzenschneise zwischen Bernhardsackerschneise und Scheftheimer Wiesen (26/79). Forstabteilung: Forstamt Darmstadt 91. Durchmesser: 1,75 m; Umfang: 5,45 m; Höhe: 31 m; Alter: ca. 500 Jahre.*
Namenspate: *Georg Wilhelm Freiherr von Wedekind (1796–1856).*

Nach Besuch des Pädagogs in Darmstadt Ausbildung im Bessunger Forsthaus. 1816 Forstmeister, 1821 Geh. Oberforstrat im Darmstädter Oberforstcollegium. 1856 Einweihung eines Denkmals für Wedekind in Hiltersklingen (Odenwald), wo er ein Hofgut besaß.

Wilbrandeiche

Standort: *Am Waldpfad hinter dem Grünen Teich an der Katzenschneise zum Küchlerbrunnen (26/79). Forstabteilung: Forstamt Darmstadt 89. Durchmesser: 1,13 m; Umfang: 3,57 m; Höhe: 32 m; Alter: ca. 300 Jahre.*
Namenspate: *Wilhelm Wilbrand (1842–1922).*

Nach Besuch des Gymnasiums in Gießen Studium der Forstwissenschaft, 1863 Fakultätsprüfung, 1866 Allgemeine Prüfung im Forstfach, 1867 Mitarbeiter bei der Oberförsterei Gießen, 1870 Oberförster in Viernheim, 1880 Vortragender Rat bei der Abteilung für Forst- und Kameralverwaltung des Hessischen Finanzminsiteriums in Darmstadt mit dem Titel Oberforstrat. 1881 Mitglied der Zentralstelle für Landesstatistik, 1887 Mitglied der Prüfungskommission des Finanz- und technischen Faches, 1888 Geheimer Oberforstrat, 1897 Chef der Hessischen Forstverwaltung als Leiter der Abteilung für Forst- und Kameralverwaltung im Finanzministerium, 1902 Geheimer Rat. Aus dem Jahre 1905 stammen die von Wilbrand verfaßten forstlichen Wirtschaftsregeln. 1917 Geheimer Staatsrat, 1919 Ruhestand. Wilbrand gehörte zu den ausgeprägtesten Vertretern der Forstästhetik in Deutschland und hat dieser in der hessischen Forstverwaltung Geltung verschafft.

Wolzogeneiche

Standort: *Hinter dem Vivarium zwischen Landstraße nach Roßdorf und dem Kotelettpfad (25/77). Forstabteilung: Forstamt Darmstadt 66. Durchmesser: 1,17 m; Umfang: 3,68 m; Höhe: 26 m; Alter: ca. 300 Jahre.*
Namenspate: *Ernst Freiherr von Wolzogen (1855–1934).*

Nach Studien in Straßburg und Leipzig Verlagsredakteur in Berlin, Gründer der „Freien Literarischen Gesellschaft", 1901 Gründer des Kabaretts „Überbrettl" in Berlin, Verfasser von Erzählungen und Gesellschaftsromanen mit treffenden zeitkriti-

Eiche an der Stadtförsterwiese

schen Darstellungen und auch Dramen. Ernst von Wolzogen pflegte auch Beziehungen zu Darmstadt. Zum 25jährigen Regierungsjubiläum des Großherzogs Ernst Ludwig im Jahre 1917 schrieb er: „... das schöne neue Darmstadt als Tat Ernst Ludwigs, des Weckers und Förderers künstlerischer Bestrebungen", also eine Huldigung an Darmstadt. Wolzogen, der in Breslau geboren war, starb in München.

Eichen

die keinen Namen tragen,
aber bedeutende Naturdenkmäler sind.

Große Eiche an der Stadtförsterwiese *bei Kranichstein (30/79). Forstabteilung: Forstamt Darmstadt 631. Durchmesser: 2,35 m; Umfang: 7,20 m; Höhe: 22 m (oberer Teil bereits abgestorben); Alter: ca. 750 Jahre.*

Zweite große Eiche an der Südostecke *(westl. Höllschneise)* **der Stadtförsterwiese** *(30/79). Forstabteilung: Forstamt Darmstadt 631a. Durchmesser: 1,40 m; Umfang: 4,40 m; Höhe: 24 m; Alter: ca. 350 Jahre.*

Eichen am Wixhäuser Weg, *nahe Messeler Falltorhaus (33/80). Forstabteilung: Forstamt Darmstadt 710. Vordere Eiche: Durchmesser: 1,52 m; Umfang: 4,90 m; Höhe: 25 m; Alter: ca. 450 Jahre. Mittlere Eiche: Durchmesser: 1,43 m; Umfang: 4,50 m; Höhe: 23 m. Baum ist im Absterben. Hintere Eiche: Durchmesser: 2,45 m; Umfang: 7,70 m; Höhe: 27 m; Alter: ca. 750 Jahre.*

Große Eiche an der Kernschneise, *westl. Höllschneise (29/79). Forstabteilung: Forstamt Darmstadt 623. Durchmesser: 1,30 m; Umfang: 4,20 m; Höhe: 32 m; Alter: ca. 330 Jahre.*

Eiche am Alten Wixhäuser Weg

Anmerkungen

Die Zahlen in Klammern beim Standort der Bäume geben die Hoch- und Rechtswerte (Planquadrate) der Topographischen Karte 1:25 000 an (Blätter 6018: Langen; 6116: Darmstadt West; 6118: Darmstadt Ost).

Durchmesser und Umfang der Bäume sind in 1 Meter Höhe über dem Boden ermittelt worden, entsprechend den Richtlinien des Bundes Deutscher Baumschulen, die auch der Darmstädter Baumschutzsatzung zugrunde liegen.

Quellen

Akten und Karteien des Hessischen Staatsarchivs Darmstadt.

Aufzeichnungen der Hessischen Forstämter Darmstadt und Seeheim-Jugenheim.

Bemerkenswerte Bäume im Großherzogtum Hessen in Wort und Bild. Herausgegeben vom Großh. Ministerium der Finanzen, Abteilung für Forst- und Cameralverwaltung. Darmstadt: Zedler und Vogel 1904.

Ritsert, Theodor: Darmstädter Namenbüchlein. Darmstadt: Schlapp 1905.

Mitteilungen von Verwandten, Freunden und Nachfahren der Namenspaten.

Die bemerkenswerten Bäume

mit ihren Standorten nach der Topographischen Karte 1:25 000 (Hoch- und Rechtswerte)

Spaziergänge und Wanderungen um Darmstadt

Herausgegeben von Karl-Eugen Schlapp.
288 Seiten mit 26 Zeichnungen und 28 Kartenskizzen von Karl Horst Passet. Kartoniert DM 19,80.

Dieser Führer möchte Anregungen geben zu erholsamen Spaziergängen und Wanderungen, aber auch zu Entdeckungen in der näheren Umgebung unserer Stadt; darüber hinaus möchten die zwanzig Autoren mit ihren Wandervorschlägen auch ausführliche Informationen geben über all das, was am Wanderweg liegt, zu sehen und zu entdecken ist. Durch die Mitarbeit so vieler Kenner und Fachleute haben die einzelnen Wanderungen unterschiedliche Schwerpunkte, was zum besonderen Reiz dieses Büchleins beiträgt.

Jeder Wanderung sind praktische Informationen und eine Kartenskizze vorangestellt. Die Ausgangs- und Endpunkte sind mit öffentlichen Verkehrsmitteln erreichbar; Autofahrer können so bei Streckenwanderungen mit Bus oder Bahn wieder zu ihrem am Ausgangspunkt abgestellten Fahrzeug zurückkommen.

So wird jede Wanderung zu einem Erlebnis; zusammengenommen ergeben die Beiträge und Wandervorschläge eine schöne Heimatkunde, die man sich mit Freunden erwandern kann.